全国技工院校汽车维修专业模块化教材
（中级技能层级）

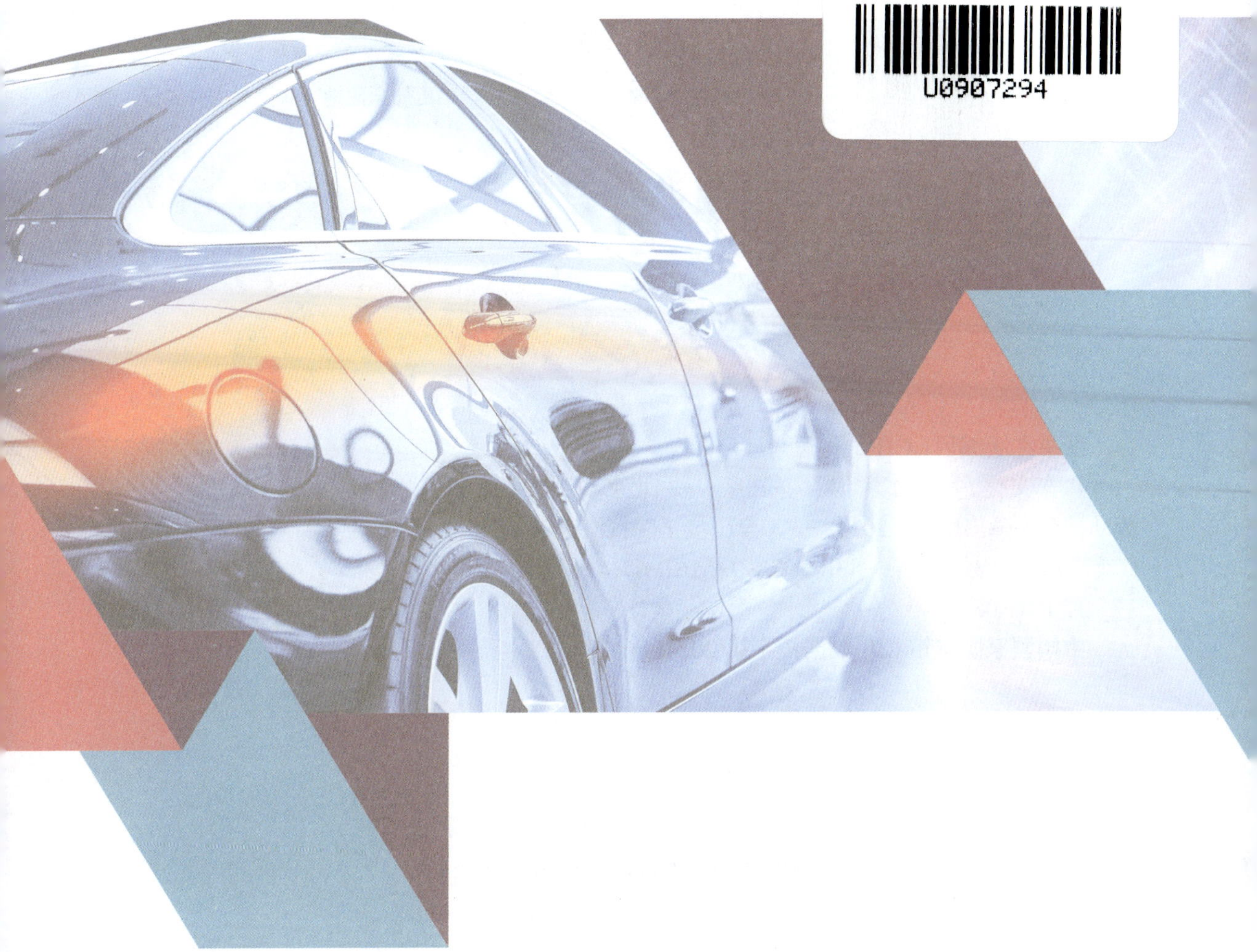

汽车文化

（第二版）

段德军◎主编

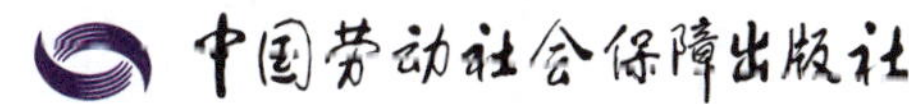

简介

本书主要内容包括汽车史话、汽车外形与色彩、世界知名汽车公司及其汽车品牌和标志、汽车名人、汽车与社会、汽车新技术与未来汽车等。通过学习本书，可以帮助学生更加全面地了解汽车相关知识，激发学习兴趣，为专业课学习奠定扎实基础。

本书由段德军任主编，刘晓倩任副主编，郭忠菊、张范范、贾宁宁、周爱东、车庆生、丁文龙参与编写，陈金伟、武健审稿。

图书在版编目（CIP）数据

汽车文化 / 段德军主编 . -- 2 版 . -- 北京 : 中国劳动社会保障出版社，2024. --（全国技工院校汽车维修专业模块化教材）. -- ISBN 978-7-5167-6516-6

Ⅰ. U46-05

中国国家版本馆 CIP 数据核字第 2024FF6173 号

中国劳动社会保障出版社出版发行

（北京市惠新东街 1 号　邮政编码：100029）

*

保定市中画美凯印刷有限公司印刷装订　　新华书店经销

787 毫米 ×1092 毫米　16 开本　10.75 印张　202 千字

2024 年 8 月第 2 版　　2026 年 1 月第 4 次印刷

定价：28.00 元

营销中心电话：400-606-6496

出版社网址：http://www.class.com.cn

http://jg.class.com.cn

前　言

为了适应汽车行业的发展现状，更好地满足全国技工院校汽车维修专业的教学需求，全面提升教学质量，我们组织全国有关学校的一线教师和行业、企业专家，在充分调研企业用人需求和学校教学情况、吸收借鉴各地技工院校教学改革成功经验的基础上，根据人力资源社会保障部颁布的《全国技工院校专业目录》及相关教学文件，对全国技工院校汽车维修专业教材进行了修订和新编。

本次修订（新编）工作的重点主要有以下几个方面。

科学规划教学模块

本套教材采用"模块化"体系构建，划分为基础模块、发动机模块、底盘模块、电气模块、维护与诊断模块、选修模块等六大模块，教学操作性好，可满足技工院校汽车维修专业的教学需求。

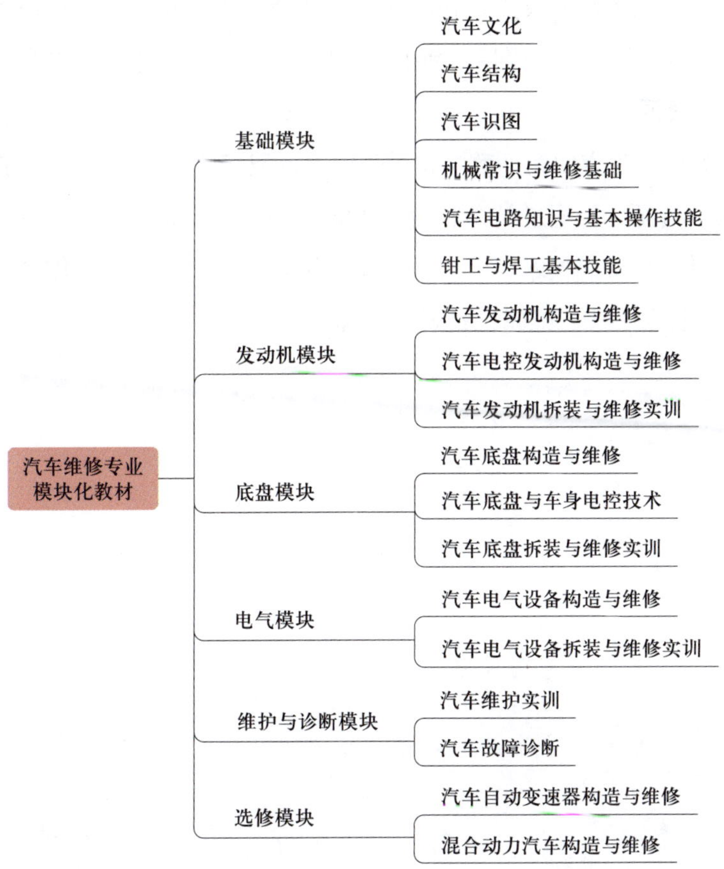

突出职业教育特色

坚持以能力为本位，突出职业教育特色。通过行业、企业调研，掌握企业对汽车维修专业人才的岗位需求和技能要求，确定人才培养目标，构建科学合理的课程体系。根据课程教学目标，合理确定学生应具备的知识与能力结构；充分考虑企业生产实际，选择当前市面上广泛使用的汽车车型进行教学。

根据汽车维修专业毕业生就业岗位的实际需要和行业发展趋势，合理确定学生应具备的能力和知识结构，对教材内容及其深度、广度、难度进行了调整。同时，进一步突出实际应用能力的培养，以满足社会对技能型人才的需求。

创新教材内容形式

在编写模式上，根据技工院校学生认知规律，以完成具体工作任务为主线组织教材内容，将理论知识的讲解与工作任务载体有机结合，激发学生的学习兴趣，提高学生的实践能力。

在教材内容的表现形式上，较多地利用实物照片和表格等形式将知识点生动地展示出来，力求让学生更直观地理解和掌握所学内容。部分教材采用四色印刷，图文并茂，增强了教材内容的表现效果，提高了教材的可读性，更符合学生的阅读习惯。

根据相关专业领域的最新发展，在教材中充实新知识、新技术、新设备、新材料等方面的内容，体现教材的先进性。采用最新的国家技术标准，使教材内容更加科学和规范。

提供丰富教学资源

在教学服务方面，为方便教师教学和学生学习，配套提供了教学设计方案、电子课件、习题册答案等教学资源，可通过技工教育网（http://jg.class.com.cn）下载使用。除此之外，在部分教材中还借助二维码技术，针对教材中的重点、难点内容，制作了微视频等多媒体资源，可使用移动设备扫描二维码在线观看。

编者

2024 年 4 月

目　录

第一章
汽 车 史 话

第一节 车的起源

学习目标

1. 了解轮子的发明史。
2. 了解车的起源。

人类社会的发展是由无数发明创造推动前行的。任何简单而意义深远的发明都不是凭空想象出来的，它们大多源于自然现象的灵感。正如人们看到水里漂浮的木头想到独木舟一样，轮子的发明则促进了车的产生与发展。

一、轮子的发明

车是依靠轮子在地面行驶的交通工具，车的产生起源于轮子的发明。

在远古时代，人们采集和狩猎获得的物品需要搬运，但仅凭手提、肩扛效率实在太低，并且随着生产工具的不断改进，人们获得物品的数量越来越多，于是想到用藤蔓将树枝和木板连接起来，把物品放在上面拖行，这就是人类最早发明的“橇”，如图 1-1-1 所示。橇不属于车，因为它没有轮子，但却是人类运输方式的一次飞跃。

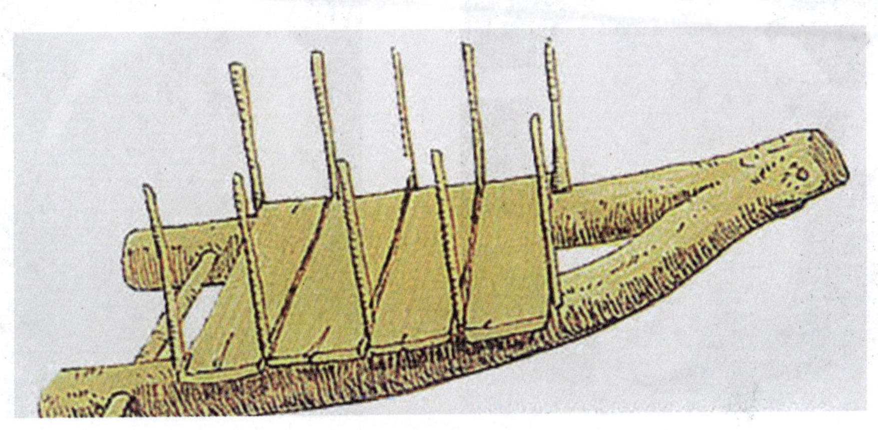

图 1-1-1 远古时期用树枝、木板做成的橇

橇的使用极大提高了运输的效率，但由于摩擦阻力较大，拖行起来并不十分方便，于是人们又开始将圆木或圆石摆放在橇的底部，这样比直接拖行更加省力，而这些摆放在橇下的圆木或圆石就是滚子，也就是我们今天所说的滚轮。公元前1500年，埃及金字塔和庙宇的建造，就是大量使用滚轮搬运石料进行施工的，如图1-1-2所示。

图1-1-2　滚轮搬运石料

从滑动搬运到滚动搬运是人类运输方式的第二次飞跃，滚动搬运直接促成了车轮的发明。随着经验的不断积累，人们开始用石斧将圆木截短成木墩，再在木墩中间凿洞，用木棍连接固定，放置于平板之下，连接木墩的木棍就相当于今天的“轮轴”，木墩则相当于今天的“车轮”。考古学家在美索不达米亚的出土文物中发现了迄今最早的车轮，这些公元前3500年的车轮只是一块实心木墩，截面中间掏了一个孔，如图1-1-3所示。由实心木墩制成的车轮，木质结构酥松，缺乏足够强度，使用寿命较短，为了得到更加结实耐用的车轮，人们开始不断改进，先是用直切木板制作车轮，并在车轮木纹垂直方向上加钉木条，进一步提高木轮强度，如图1-1-4所示。

图1-1-3　实心木墩车轮

图1-1-4　木条加固车轮

之后，因为实心车轮质量太大，影响行驶速度，人们又发明了辐条车轮，如图 1–1–5 所示。

图 1–1–5　辐条车轮

在世界各地出土的文物中，辐条车轮的遗迹大量可见，图 1–1–6 是公元前 3000 年左右的壁画，其中就有辐条车轮的记载。

图 1–1–6　壁画中的辐条车轮

到了公元前 2000 年左右，辐条车轮更是广泛应用于人类的生产和生活，尤其在战争当中，中国、中亚、印度、希腊等地区都出现了马拉战车，图 1–1–7 所示是我国著名的秦始皇兵马俑，其中就用到了青铜辐条车轮。

图 1–1–7　秦始皇兵马俑中的青铜辐条车轮

辐条车轮具有很强的实用性，因此被人类使用了近 5 000 年，其间除了材质和工艺上有所改进，基本没有太大变化。直到 1839 年，查尔斯 · 固特异发明了硫化橡胶，车轮才有了新的飞跃。1845 年，苏格兰人汤姆森利用橡胶制作了世界上第一条充气轮胎，赋予了车轮更好的减振效果和抓地力。至此，车轮走过了从滚木到现代车轮的漫长演变历程，如图 1–1–8 所示。

图 1–1–8　车轮的演变

二、车的发明

随着车轮的出现，车便应运而生。目前发现最古老的具备车轮和车身的车，是公元前 3300 年左右美索不达米亚地区使用的车，如图 1–1–9 所示。

图 1–1–9　美索不达米亚地区使用的车

公元前 1675 年，古埃及人发明了装有制动装置的马车。到了 12 世纪，罗马人发明了有转向前轴的四轮马车，并将单辕改为双辕，用一匹马驾车。

1619 年，西班牙国王菲利普二世访问葡萄牙时乘用的是一辆由六匹马拉的木轮车，当时这种马车比较简单，没有雕饰，四只车轮尺寸相同，直接连在主轴上，没有减振设计，没有设置马夫座位，如图 1–1–10 所示。

在此之后，欧洲开始改用后轮较大的弹簧悬置车厢，提高了马车的舒适性，自此马车开始向豪华方向发展。18 世纪初，里斯本红衣大主教的专用马车做工精致考究，外观豪华贵气，如图 1–1–11 所示。

图 1–1–10　西班牙国王乘坐的马车

图 1–1–11　里斯本红衣大主教的专用马车

1662 年，法国巴黎街头首次出现了轨道车，如图 1–1–12 所示。最早的轨道车是在地面铺设木条，后来木条改为钢轨并在下面铺设枕木。18 世纪，轨道车被广泛应用于英国的煤矿，由牲口拉动，装运效率比普通马车提高了 7～8 倍。

中华民族是最早使用车的民族之一，传说在黄帝时代（公元前 2697 年）就制造了车。古人称横木为轩，直木为辕，将直木和横木架在轮子上，这便是中国车的雏形，如图 1–1–13 所示，所以黄帝又称“轩辕黄帝”。

图 1–1–12　轨道车

图 1–1–13　中国车的雏形

目前，我国出土最早的车始于商朝，它是一种造型非常精致的二轮单辕马车，有栅栏车身和辐条车轮，如图 1–1–14 所示。由此可见，3 000 多年前我国的造车技术水平就已经相当高了。

除了商朝时期的车以外，考古学家在全国各地还发现了其他时期的车。比如，在陕西长安张家坡、北京房山琉璃河、甘肃灵台白草坡等地发现了周朝时期的车，在河南陵县上村岭虢国墓地出土了春秋时期的车，在河南洛阳中州路、辉县琉璃阁、河北平山中山国王墓发现了战国时期的车。

“车”在中国甲骨文中属于象形文字，可以清楚看到车的轮、舆、辕、辄等，如图 1–1–15 所示。

图 1–1–14　我国商朝的马车

图 1–1–15　“车”的甲骨文

公元前 2500 年左右，中国即设立了掌管道路的“司令官”，开始了有组织的道路修筑和交通发展。到了公元前 221 年，秦始皇统一中国，不仅统一了文字和度量衡，还统一了车辆制造和道路修建标准，如车轮直径、间距，驰道宽度等。

除了一般的车，我国古代还发明了有特殊用途的车。比如，西晋时期（266—420 年），天子出行会配备专用于指示方向的指南车（见图 1–1–16）和专用于记录里程的记里鼓车（见图 1–1–17）。

图 1–1–16　指南车

图 1–1–17　记里鼓车

今天看来，古代车的结构十分简单，但在非机械生产的农耕社会，车则是结构较为复杂的工具之一，它的出现是人类文明向前发展的最好例证。

思考题

1. 简述车轮的发明史。
2. 通过书籍和网络，查找古代车的起源和发展的相关资料，并与同学交流。

第二节 蒸汽机汽车的发明

学习目标

1. 了解蒸汽机的发明史。
2. 了解蒸汽机汽车的发展史。

汽车是20世纪最有代表性的人文景观，也是21世纪最具影响力的社会事物。1765年，英国人詹姆斯·瓦特（见图1-2-1）发明的蒸汽机，把人类带入了“蒸汽机时代”，同时也为人类交通运输工具的发展开启了新纪元。1769年，法国人古诺制成了世界上第一辆蒸汽机汽车，它标志着人类千百年来以人力、畜力为动力源的“车”发生了历史性变革，宣告了“汽车”新世纪的到来。

图1-2-1 詹姆斯·瓦特

一、蒸汽机的发明

蒸汽机是人类工业革命的重要发明之一，它的原理是将水蒸气的压力转化为机械能。蒸汽机的历史可以追溯到1世纪，但是真正有实用价值的蒸汽机则是在18世纪后期产生的。早期的蒸汽机由于技术原因比较笨重不便于使用，而到了18世纪下半叶，蒸汽机技术大幅度改善，成为工业革命的重要发动机。

1669年，英国的赛维利制造了一台以蒸汽为动力的抽水机，这是较早的蒸汽机，人们称它为赛维利蒸汽机，如图1-2-2所示。

1712年，英国的托马斯·纽科门制造了活塞式蒸汽机，人们称它为纽科门蒸汽机，如图1-2-3所示。

1757年，木匠出身的詹姆斯·瓦特（1736—1819年）被英国格拉斯哥大学聘为实验室技师，其有机会接触到了纽科门蒸汽机并产生了浓厚兴趣。1763年，瓦特针对纽科门蒸汽机的缺点开始研究新的蒸汽机。1765年，瓦特制造出了自己的第一台蒸汽机。1768年，瓦特又制造出了第一台装有冷却器的蒸汽机样机，如图1-2-4所示。1774年，瓦特和博尔顿制造出了真正有实用价值的蒸汽机。1784年，瓦特在蒸汽机上加装了曲轴和飞轮，使活塞可以依靠从两边进来的蒸汽连续推动，不再需要人为调节阀门，被称为“万能蒸汽机”，如图1-2-5所示，自此世界上第一台真正的蒸汽机诞生。

图 1–2–2　赛维利蒸汽机

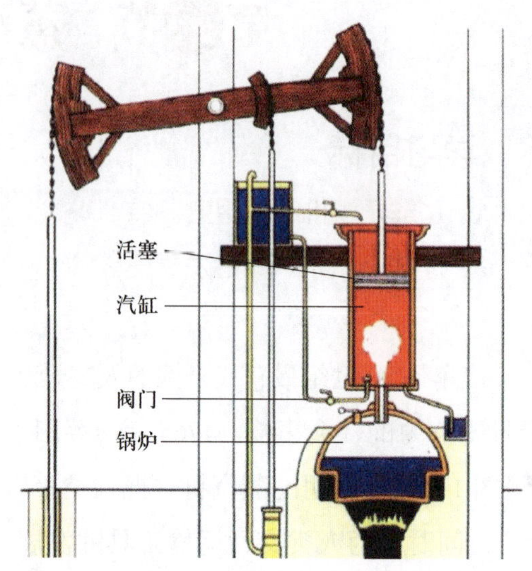

图 1–2–3　纽科门蒸汽机

图 1–2–4　装有冷却器的蒸汽机样机

图 1–2–5　万能蒸汽机

瓦特蒸汽机的发明推动了机械工业乃至社会的发展，为汽轮机和内燃机的发展奠定了基础。

二、蒸汽机汽车的诞生

最早的蒸汽机汽车是法国陆军工程师、炮兵大尉尼古拉斯·古诺（1725—1804 年）在 1769 年发明的，如图 1–2–6 所示。这是汽车发展史上的里程碑，标志着人类以机械力驱动车辆时代的到来，这辆汽车被命名为“卡布奥雷号”，最高车速 4 km/h。1771 年，古诺改进了蒸汽机汽车，使其车速达到了 9.5 km/h，并能牵引 4 ~ 5 t 的货物。

图 1–2–6　古诺制造的最早的蒸汽机汽车

19 世纪初，英、法等国已陆续开始利用蒸汽机汽车进行客运和货运服务。

1801 年，英国工程师理查德·特雷蒂克（1771—1833 年）制造了世界上第一辆载客蒸汽机汽车，历史上称之为“伦敦蒸汽马车”，该车能够乘载 6 人、车速 9.6 km/h，如图 1–2–7 所示。

1803 年，法国工程师特里维斯科采用新型高压蒸汽机，又制造出能够乘载 8 人、车速 13 km/h 的载客蒸汽机汽车。

1804 年，法国人托威迪克设计制造了能够承载 10 t 货物并行驶 15.7 km 的蒸汽机汽车。

1825 年，英国人哥尔斯瓦底·嘉内（1793—1873 年）制造了世界上第一辆以营业为目的的蒸汽机公共汽车，该车有 18 个座位、车速 19 km/h，如图 1–2–8 所示。

图 1–2–7　世界第一辆载客蒸汽机汽车

图 1–2–8　世界第一辆蒸汽机公共汽车

19 世纪末 20 世纪初，蒸汽机汽车已发展到了极致，此时的蒸汽机汽车燃料已由煤转为石油，不仅行驶速度获得了极大提升（约 50 km/h），操控性和乘坐舒适性也得到了极大改善。然而，由于蒸汽机热效率低，车辆行驶速度和方向受道路状况影响较大，加之噪声和废气污染严重，因此逐渐被内燃机汽车所取代。

1923 年，美国生产了最后一辆蒸汽机汽车（见图 1–2–9），从此告别了蒸汽机汽车时代。

图 1-2-9　美国生产的最后一辆蒸汽机汽车

思考题

1. 瓦特发明真正有实用价值的蒸汽机经历了哪些过程？
2. 简述蒸汽机汽车的发展史。

第三节　内燃机汽车的发明

学习目标

1. 了解内燃机的发明史。
2. 熟悉内燃机汽车诞生的过程以及在此过程中具有重要影响的历史人物。

在汽车历史的长河中，内燃机汽车的发明无疑是一个伟大的里程碑。1876 年，德国工程师尼古拉斯·奥托发明了第一台实用的活塞式四冲程内燃机，为内燃机汽车的诞生奠定了基础。九年后，德国人卡尔·本茨（1844—1929 年）发明了第一辆内燃机汽车，标志着现代汽车的诞生。内燃机汽车使整个世界发生了翻天覆地的变化，改变了人们的生活。如今，汽车已进入了千家万户。

一、内燃机的发明

内燃机是相对蒸汽机而言的，蒸汽机是燃料在气缸外部燃烧，利用产生的蒸汽压力推动活塞做功，算是“外燃机”。内燃机则是燃料在气缸内部燃烧，通过释放热能使气缸内部产生高温高压，从而推动活塞做功。

1794 年，英国人斯垂特首次提出了把燃料和空气制成混合气以供燃烧的构想。

1801 年，法国人勒本提出了煤气机原理。

1824 年，法国工程师萨迪·卡诺在《关于火力动力及其发生的内燃机考察》一书中，揭示了“卡诺循环”学说。

1860 年，法国电气工程师勒诺瓦赫（见图 1–3–1），根据英国人斯垂特的混合气理论和法国人勒本的煤气机原理，利用电火花点燃空气与煤气的混合气，制成了可用来驱动车辆的二冲程煤气机，如图 1–3–2 所示。

图 1–3–1 勒诺瓦赫

图 1–3–2 勒诺瓦赫制造的二冲程煤气机

1861 年，法国铁路工程师罗彻斯提出了“进气、压缩、做功、排气”的四冲程发动机理论，这一理论为内燃机的发展提供了理论基础。

1866 年，一直从事煤气机试验的德国人奥托在报纸上看到了有关勒诺瓦赫内燃机的报道，并研究了罗彻斯的四冲程内燃机论文，从而成功试制出第一台活塞与曲轴相结合，将煤气与空气混合压缩后点燃的往复式四冲程煤气机，为提高内燃机的效率开辟了新途径。这种内燃机将进气、压缩、燃烧和膨胀、排气四个过程融为一体，使内燃机结构更加紧凑。1876 年，奥托又成功试制出第一台能够实际应用的活塞式四冲程卧式内燃机，为现代汽车的诞生奠定了基础，如图 1–3–3 所示。

1883 年，戈特利布·戴姆勒和威廉·迈巴赫改进了奥托的四冲程内燃机，发明了第一台用汽油代替煤气作为燃料的卧式发动机，并在 1884 年创造了发动机 600 r/min 的转速纪录。1885 年，他们生产了世界上第一台立式发动机——戴姆勒发动机，如图 1–3–4 所示，这台由电点火的化油器式发动机创造了 750 r/min 的转速纪录。

1884 年，法国人戴波梯维尔利用奥托的循环理论，制造了一台使用液体燃料的四冲程内燃机，这台内燃机具备了现代内燃机的雏形。

图 1–3–3 奥托发明的活塞式四冲程卧式内燃机

1893 年，德国人狄塞尔（见图 1–3–5），制造出了以柴油为燃料的内燃机，并于 1897 年发明了压燃式柴油机及其喷油装置。

图 1–3–4　戴姆勒发动机

图 1–3–5　狄塞尔

至此，经过近百年的发展，小型内燃机终于在技术上取得突破，实现了实用化，成为现代汽车发展的基石。

二、内燃机汽车的诞生

1. 卡尔·本茨和世界第一辆汽车

三轮汽车的发明者卡尔·本茨（见图 1–3–6）在 1879 年首次成功试验了一台两冲程式发动机，并在 1883 年创立奔驰公司和奔驰莱茵发动机厂。

1885 年，卡尔·本茨在曼海姆成功制造了第一辆内燃机汽车，如图 1–3–7 所示，并于 1886 年 1 月 29 日申请专利，如图 1–3–8 所示，这一日期也被世人称为“汽车诞生日”，卡尔·本茨则被誉为“汽车之父”。

卡尔·本茨发明的第一辆三轮汽车重 254 kg，装有三个实心橡胶轮胎，车架由钢管制成，发动机为单缸汽油机，最高车速 18 km/h。这辆三轮内燃机汽车，外形与当时的马车差不多，性能却不比马车优越，但它的贡献并不在于其本身的性能，而是在于观念的转变。

图 1–3–6　卡尔·本茨

图 1–3–7　第一辆内燃机汽车

此后，卡尔·本茨的事业蓬勃发展，成立了德国最大的汽车制造厂——奔驰股份有限公司，其生产的“奔驰”汽车成为世界知名汽车品牌。

2. 戈特利布·戴姆勒和他的第一辆四轮汽车

现代汽车的另一位伟大创始人是戈特利布·戴姆勒（1834—1900年），如图1-3-9所示。

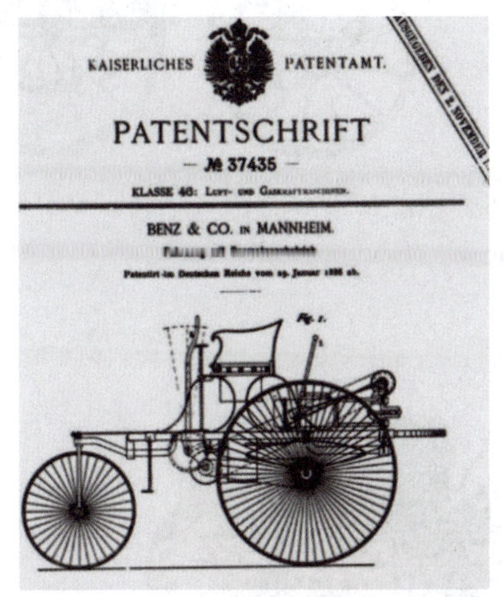
KAISERLICHES PATENTAMT.

PATENTSCHRIFT

— № 37435 —

BENZ & CO. IN MANNHEIM.

图1-3-8 卡尔·本茨第一辆汽车的专利证

图1-3-9 戈特利布·戴姆勒

1885年8月29日，戴姆勒把自制的单缸、风冷、四冲程、742 W汽油内燃机，安装到了专制的自行车上，发明了世界上最早的摩托车，如图1-3-10所示。

继摩托车之后，戴姆勒为庆祝妻子43岁生日，于1886年8月用购买的四轮马车，通过加装立式汽油内燃机，添加传动、转向等设备，成功制造了世界上第一辆乘用四轮汽油机汽车，如图1-3-11所示。该车车速可达17.5 km/h，发动机后置，可变四个速度，装有摩擦式离合器，由后轮驱动，采用转向杆转向，车前挂有一盏灯笼用于照明。

1890年11月28日，戴姆勒在斯图加特附近的坎斯塔特城成立了戴姆勒机动车有限公司，从此批量生产汽车。在戴姆勒生产汽车的过程中，享有“汽车设计之父”美誉的总工程师威廉·迈巴赫做出了巨大贡献，由他设计的梅赛德斯品牌赛车闻名遐迩，如图1-3-12所示，不仅开创了梅赛德斯汽车时代，也开启了汽车工业设计之门。

第一次世界大战后，德国经济陷入战后大萧条，为了避免恶性竞争，享有盛名的戴姆勒公司和奔驰公司于1926年6月29日合并，新公司名为戴姆勒-奔驰公司，其所生产的汽车产品也顺理成章被命名为“梅赛德斯-奔驰”。

图 1–3–10　世界上最早的摩托车

图 1–3–11　世界上第一辆乘用四轮汽油机汽车

图 1–3–12　威廉·迈巴赫设计的梅赛德斯品牌赛车

思考题

1. 简述内燃机的发展历程。
2. 世界上第一辆汽车的结构和性能是怎么样的？

第四节　新能源汽车的发明

学习目标

1. 了解新能源汽车的发明史。
2. 了解新能源汽车发明的重要意义。

所谓新能源汽车是指采用新型动力系统、完全或主要依靠新型能源驱动的汽车。目前，大家熟知的新能源汽车主要有电动汽车、混合动力汽车和氢燃料电池汽车等。新能源汽车最早可以追溯到 19 世纪，当时电动汽车就已经出现，并曾一度占据了汽车市场的主导地位。但随着内燃机技术的进步和石油资源的开发，电动汽车逐渐被燃油汽车所取代。直到 20 世纪末，由于石油危机、环境污染和气候变化等问题加剧，人们才开始又重新关注新能源汽车的优势和潜力。

一、电动汽车的发明

电动汽车是最早出现的新能源汽车，也是最简单的一种。它只要一组电池、一台电动机和一套控制器，就可以实现汽车运行。

1834 年，美国人托马斯·达文波特打造了一辆由干电池驱动的电动三轮汽车，如图 1-4-1 所示。1838 年，苏格兰商人罗伯特·安德森也制造了一辆类似的电动汽车，时速可达 6 km/h。然而，这两辆电动汽车都是使用不可循环利用的干电池作为动力源，所以行驶里程十分有限。

图 1-4-1　干电池驱动的电动三轮汽车

在随后的几十年里，各国科学家都在不断对电动汽车展开研究，但都未取得实质性进展。直到 1859 年，法国著名物理学家普兰特发明了第一块铅酸蓄电池，见图 1-4-2，这才助推了电动汽车的发展。1881 年，法国人古斯塔夫·特鲁夫利用改进的铅酸蓄电池和西门子电动机，打造出一辆三轮电动汽车。

同年 4 月，这辆三轮电动汽车在法国巴黎市中心的瓦卢瓦街头试车成功，并在巴黎举行的国际电气展览会上亮相，成为真正意义上的电动汽车，也是世界上公认的第一辆电动汽车，如图 1-4-3 所示。

自特鲁夫发明三轮电动汽车之后，电动汽车很快进入了发展高潮，英、美等国也相继造出了电动汽车，且性能不断提升。

图 1-4-2　普兰特和他发明的铅酸蓄电池

图 1-4-3　古斯塔夫·特鲁夫发明的三轮电动汽车

1888 年，德国工程师安德烈亚斯·弗兰克发明了第一辆四轮电动汽车，如图 1-4-4 所示。

之后，随着电池技术的进步，电池容量和使用寿命不断提升，科学家改进电动汽车技术，使电动汽车行驶速度和续航里程都得到了跃升。到了 19 世纪末，电动汽车一度占据了汽车市场的主导地位。

1899 年 4 月 29 日，比利时人卡米尔·詹纳齐打造的炮弹形电动汽车，跑出了 105.88 km/h 的车速，突破了电动汽车一直难以逾越的 100 km/h 车速极限，同时也打破了当时燃油汽车保持的最高车速纪录，如图 1-4-5 所示。

图 1-4-4　弗兰克发明的四轮电动汽车

图 1-4-5　炮弹形电动汽车

二、混合动力汽车的发明

混合动力汽车的发明是汽车工业技术创新和环境保护理念相结合的产物，它可以根据不同的工况，自动切换或混合使用两种动力，以达到节能减排的目的。

混合动力汽车的发明最早可追溯到 1899 年，当时保时捷创始人、德国人费迪南德·波尔舍（Ferdinand Porsche）制造了一辆使用汽油发电机和轮毂电动机的汽车，被称为“mixte（混合车）”。

1900 年，经过改进，费迪南德推出了第一台混合动力原型汽车 Lohner-Porsche Semper Vivus，如图 1-4-6 所示。他将两台水冷汽油机（每台 3.5 马力 /2.6 kW）装在车身中间，分别用它们驱动两台发电机，构成两套发电单元。功率 2.5 马力 /1.84 kW 的发电机能够在 90 V 电压下输出 20 A 的电流，发电机输出的电能直接驱动外转子轮毂电动机，剩余电能则流入蓄电池储存起来，发电机反过来还可以用作发动机的起动机。

1916 年 8 月，世界第一辆油电混合动力汽车问世，这款双排座轿车使用操纵杆代替踏板控制油门，即使在 1916 年，燃油经济性也是汽车营销的亮点之一。

1920 年 1 月，世界第一辆充电式油电混合动力汽车问世。它是美国新泽西州发明家在早期混合动力汽车设计基础上的创新之作。它将电动马达直接安装在汽车后轮轴上，车辆滑行时发电机能直接为汽车充电，而安装在车前的四缸汽油发动机也可以在行驶途中为汽车充电。

1969 年，丰田汽车开始了混合动力技术的研发。1997 年，丰田推出了世界上第一款量产的混合动力汽车——普锐斯（Prius），如图 1-4-7 所示。这款汽车采用串联式混合动力系统，将内燃机和电动机有效结合，大大提升了燃油效率。丰田普锐斯也是全球销量最多的混合动力汽车。

图 1-4-6　第一台混合动力原型汽车

图 1-4-7　丰田混合动力汽车普锐斯

三、氢燃料电池汽车的发明

氢燃料电池汽车是利用氢气和氧气在燃料电池中发生电化学反应，并通过产生的电能驱动电机的汽车。氢燃料电池汽车可以看作是一种特殊的电动汽车，它不需要充电，只需要加氢，如图 1-4-8 所示。

早在 180 多年前，人们就有利用氢和氧在燃料电池中反应发电的想法。1838 年，德国

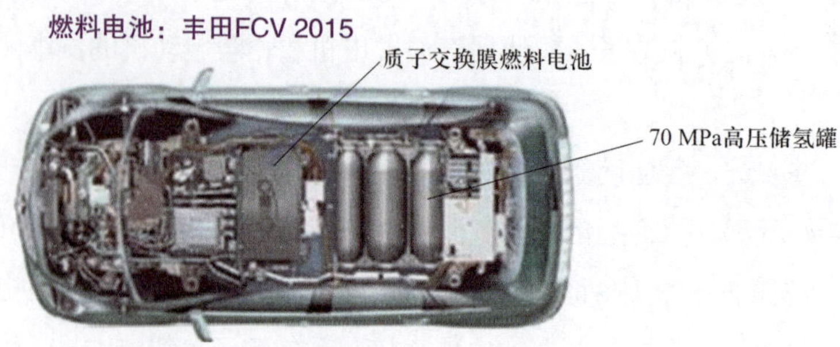

图 1-4-8　氢燃料电池汽车

化学家克里斯蒂安·弗里德里希·尚班提出了燃料动力电池原理。20 世纪 60 年代，燃料电池被首次应用在美国航空航天管理局的阿波罗登月飞船上，但受技术和成本限制，燃料电池一直发展缓慢，仅停留在演示阶段。

燃料电池在汽车领域的应用可追溯到 1991 年。20 世纪 90 年代初，罗杰·比林斯（Roger Billings）发明了世界首个应用于汽车的氢燃料电池。

1992 年，各国汽车制造商在政府扶持下开始大力研发燃料动力电池汽车。

1994 年，得益于质子交换膜燃料电池在技术上的突破，奔驰生产出第一代氢燃料电池汽车 Necar-1。

21 世纪初，氢燃料电池汽车开始进入试验和示范阶段，主要由日本丰田（Toyota）、本田（Honda），德国大众（Volkswagen）、宝马（BMW）、奔驰（Mercedes-Benz），美国福特（Ford）、通用（GM）和韩国现代（Hyundai）等汽车厂商推动。当时，氢燃料电池汽车的代表有丰田的 Mirai、本田的 Clarity、奔驰的 F-Cell、现代的 Nexo 等。其中，丰田的 Mirai 是第一款量产的氢燃料电池汽车，也是全球销量最高的氢燃料电池汽车，如图 1-4-9 所示。

图 1-4-9　丰田 Mirai 氢燃料电池汽车

思考题

1. 什么是新能源汽车？
2. 简述新能源汽车的发明史。

第五节 现代汽车工业的发展历程

学习目标

1. 了解现代汽车工业的发展历程。
2. 熟悉我国现代汽车的发展历程。

一、汽车工业发展的历史阶段

1. 现代汽车工业发展的基石

与其他新生事物一样，汽车在诞生之初也是粗糙和简陋的，许多性能都不理想，车身形状和结构还未脱离马车的影子。1886—1895 年，内燃机技术不断改进创新，功率和转速迅速提升，伴随内燃机的发展，汽车底盘结构和各类配件发生了许多与内燃机特性相配合的变化，汽车技术迅速成熟起来，特别是可拆卸充气橡胶轮胎的应用，使汽车如虎添翼。

1895 年 6 月 11 日是汽车史上有分界意义的一天。这一天在法国巴黎举行了世界首届汽车公路大赛，路段是从巴黎到波尔多进行往返。根据文献记载，参赛汽车共有 22 辆，其中，电动汽车 1 辆，蒸汽机汽车 6 辆，其余都是内燃机汽车。比赛结果 9 辆汽车跑完了全程，其中 8 辆是内燃机汽车，这一令人叹服的结果宣告了内燃机汽车的全面胜利，至此一个全新的以内燃机占据霸主地位的汽车时代开始了。

2. 现代汽车工业的萌芽

早期的内燃机汽车并不成熟，但是其良好的性能和潜在的优势十分引人注目，因此一些汽车制造和销售商业行为在汽车诞生之初就开始了。例如，卡尔 · 本茨最初设计的汽车在制造初期就有订单。1895 年，当内燃机汽车宣告全面超越蒸汽机汽车和电动汽车之后，订单纷至沓来，生产批量迅速增加。但由于受当时生产技术条件的限制，汽车大多数以手工制作为主，生产效率低且成本高。

19 世纪末至 20 世纪初，汽车主要采用单件、小批量生产，那时汽车只是作为娱乐工具，被当作贵族们享用的奢侈品，因此轿车数量比货车数量增长要快许多。为了迎合这个顾客群体，轿车豪华化、贵族化是必然的，不断飙升的汽车价格也说明了这一点。例如，1886 年，卡尔 · 本茨制造的汽车标价为 2 750 金马克；1893 年，四轮的“维克多利亚”汽车标价为 3 875 金马克；1903 年，奔驰“帕尔西法”型汽车标价为 15 000 金马克。

这一时期，出现了很多专门从事汽车制造的公司，如德国的戴姆勒汽车公司、奔驰汽车公司，美国的福特汽车公司、奥兹莫比尔汽车公司，英国的劳斯莱斯汽车公司，法国的雪铁龙汽车公司和意大利的菲亚特汽车公司等。

3. 现代汽车工业的形成

1914 年是世界汽车工业发展史上的又一里程碑。这一年，美国福特汽车公司的第一条汽车装配流水线正式投产，如图 1–5–1 所示，揭开了汽车大生产时代的序幕。

图 1–5–1 美国福特汽车公司第一条汽车装配流水线

这个划时代的事件没有出现在汽车诞生地欧洲而是出现在美国，主要是源于亨利 · 福特（见图 1–5–2）提出的汽车平民化思想，它使美国的汽车产量急剧飙升，市场异常繁荣。汽车生产流水线投放当年，福特汽车公司生产了 30 万辆汽车，相当于美国其他汽车公司产量的总和。随后几年，福特汽车公司生产流水线的效率不断攀升，产量连续翻番，到 1923 年，福特汽车公司年产汽车达到 210 万辆。

随着汽车产量的大幅提升，汽车价格开始下降。1908 年，美国福特汽车公司投放市场的 T 型汽车，如图 1–5–3 所示，售价为 850 美元；1914 年，汽车生产流水线投入使用后，T 型汽车售价降为 490 美元；到 1924 年，T 型汽车的售价就仅为 290 美元了。汽车生产流水线的直接社会效应就是 T 型汽车的大普及和大生产。

图 1–5–2 亨利 · 福特

图 1–5–3 福特汽车公司制造的 T 型汽车

在此之后，为追赶福特汽车公司，美国克莱斯勒汽车公司和通用汽车公司也相继投入了流水线生产设备。特别是通用汽车公司，在追赶福特公司的过程中，公司领导人斯隆研究了福特公司在生产和经营方面的优缺点，提出了新的经营管理理念，并迅速赶上和超越了福特公司。可以说，较好的汽车大生产方式是福特首创，而由斯隆补充完善的。

汽车大生产标志着现代汽车工业的完全形成，从此汽车工业进入了一个高速发展时期。

4. 现代汽车工业的发展

（1）欧洲汽车工业的复兴

虽然欧洲以先进的科学创新和深厚的技术基础开创了18—19世纪的工业文明，但20世纪初，美国的发展迅速超越了欧洲。受第一次世界大战影响，欧洲的汽车工业发展缓慢。20世纪30年代，德国本希望以“大众”品牌建立的新汽车工厂，大量生产平民化的“甲壳虫”汽车，但不久爆发第二次世界大战，使欧洲汽车工业再次受到重创。

“二战”后，恢复生产的德国大众汽车公司开始大量制造“甲壳虫”汽车，如图1–5–4所示，其几乎复刻了T型汽车的奇迹，创造了同一车型新的产量纪录，1981年，巴西生产线驶出第2 000万辆“甲壳虫”汽车。同一时期，法国的雷诺、意大利的菲亚特也先后建立了规模很大的汽车工厂。

欧洲汽车同样采用流水线的生产方式，但汽车风格独辟蹊径。欧洲各国本就有着深厚的技术基础和充满创新的开发能力，且历史悠久。因此，欧洲汽车迅速呈现出丰富多彩的独立格局，既有极尽豪华坚持单件手工制作的劳斯莱斯汽车（见图1–5–5），也有坚守传统、端庄大方的奔驰汽车，还有推陈出新、饱含法国风情的雪铁龙和雷诺汽车，以及高级运动型的法拉利和保时捷汽车，这些汽车不仅注重燃油经济性，更汇集了众多汽车的先进技术，开辟了欧洲汽车工业再生后的独特道路。

图1–5–4 “甲壳虫”汽车

图1–5–5 劳斯莱斯汽车

1950年，欧洲开始复兴，英、法、德、意四国当年生产汽车157万辆，占世界汽车总产量的14.9%，1955年上升到23%，1965年上升到32.8%。1973年，四国汽车总产量达到1 164万辆，至此欧洲汽车工业成为世界汽车工业中一支不可忽视的力量。

（2）日本汽车精益生产时代

日本汽车工业始建于 1933 年，当时主要是丰田和日产两家汽车公司。丰田公司在 19 世纪末主要从事纺织机械制造，20 世纪 30 年代在政府驱使下才进入了汽车制造业。

日本汽车企业在发展日本汽车工业的过程中，对美国的汽车大生产方式进行了全面、细致入微的改进，最终促使日本汽车工业实现了飞跃，同时也揭开了汽车精益生产时代的序幕。

1956 年，日本经济开始腾飞，这一年日本汽车产量为 11 万辆，随后不断飙升，1960 年、1965 年、1970 年和 1975 年分别生产汽车 81 万辆、187 万辆、528 万辆和 694 万辆。1980 年，日本以 1 104 万辆的汽车产量一举超过美国当年的 801 万辆，从此确立了美、日、欧“三足鼎立”的世界汽车产业格局。

日本汽车工业后来者居上，除了精益生产方式起到的关键作用，其所产汽车良好的燃油经济性也是成功的秘诀之一。日本资源极端贫乏，对资源十分敏感，因此所产汽车尤其注重节能，这一点相较于美国汽车的大车身、大马力、高速度、高油耗有明显优势，为其日后挤占美国汽车市场奠定了基础。

5. 现代汽车产业的全球化

20 世纪 80 年代，传统的汽车市场开始出现饱和。1980 年，美国每 10 人当中就有 7 辆汽车，除去 16 岁以下和不适宜开车的人群，几乎人人都有一辆汽车。北美、欧洲和日本的环境条件不同，饱和度不一，但最终走向饱和也是必然。

市场饱和而生产力却在不断攀升，世界汽车产业出现产能过剩。为了解决这一矛盾，众多汽车企业一方面向其他发达国家市场渗透，夺取其他公司的市场份额；另一方面则积极进入新兴国家，特别是发展中国家开拓新市场。

发展中国家在兴起过程中，也希望通过发展汽车消费和汽车生产以刺激经济，这正好迎合了世界汽车大公司的胃口。起初大多数汽车公司只希望出售自己的汽车产品，不希望转让汽车技术，但后来方式逐渐变得灵活多样，既有技术转让、合资建厂，也有独资经营，人们把这个时期称为汽车产业的全球化时期。

汽车产业的全球化并不意味着国家利益的消除，相反，汽车工业发达国家始终致力于利益的最大化。发展中国家要想发展自己独立的汽车工业，必须清醒认识这一点，走自己的发展道路。

二、新能源汽车的发展历程

新能源汽车的发展历程可以追溯到 19 世纪末，当时电力作为一种新型能源开始崭露头角。

19 世纪末，燃油汽车、蒸汽机汽车和电动汽车同步发展。电动汽车除了车速略低以外，在诸多方面都有明显优势，比如启动快、噪声小、操作简单等，而这个时期的燃油汽车还在使用外燃机技术，不仅噪声大、操作复杂，甚至还冒着黑烟，这对于欧洲的上层消费者来说并不是首选，因此电动汽车更早开始应用。

19 世纪末期到 20 世纪初期，是电动汽车发展的黄金时期，法国和英国都相继出现了电动汽车制造公司。美国著名科学家托马斯・阿尔瓦・爱迪生还是电动汽车的坚定支持者，图 1–5–6 所示是爱迪生和他的电动汽车。资料显示，1900 年，欧美出售的 4 200 辆汽车中，40% 是蒸汽机汽车，38% 是电动汽车，只有剩下 22% 才是燃油汽车。

20 世纪初期，随着发动机技术的进步、启动机的发明以及生产技术的提高，燃油汽车在这一阶段形成了绝对优势。1915 年，福特汽车的售价低至 440 美元，很多美国普通家庭都能承受，而电动汽车价格却截然相反，一辆电动双座敞篷汽车的售价需要 1 750 美元，相当于 4 辆福特汽车的价格，人们对电动汽车开始失去兴趣。与此同时，20 世纪 20 年代，高速公路网络开始建立，人们出行需要汽车有更长的续航里程，电动汽车已不能够满足大家的需求。此外，由于石油资源的开发，油价降低，种种因素叠加起来，致使燃油汽车形成了对电动汽车的绝对优势，电动汽车开始慢慢退出了汽车市场。

20 世纪六七十年代，由于石油危机导致的能源紧缺和燃油汽车普及导致的环境污染问题日益严重，人们开始反思并迫切希望能够找到可以代替石油的新型汽车能源。图 1–5–7 所示是 1973 年爆发中东石油危机时，人们排队等待加油的情景。

图 1–5–6 爱迪生和他的电动汽车

图 1–5–7 1973 年中东石油危机爆发

这样一来，消失了近半个世纪的电动汽车再一次回到了人们视野。世界各国汽车制造厂商纷纷投入到电动汽车的研发和制造当中，电池和电机技术得到一系列发展。包括美国、日本、欧洲以及中国在内的许多国家和地区都率先进行尝试，出台了各种扶持政策，支持和鼓励电动汽车的发展与使用。

但接下来的二三十年里，电动汽车的发展并不顺利。由于电池技术始终没有取得重大突破，续航里程短、充电时间长、充电网点少、销售价格高等一系列问题一直是制约电动汽车发展的主要瓶颈。20 世纪 90 年代，汽车制造厂商在市场压力下，开始转为研发混合动力汽车，以寻求其他解决方案。

1997 年，丰田汽车公司在全球率先开始销售混合动力汽车普锐斯，并很快获得市场认可。此后，通用、福特、本田等越来越多的汽车制造厂商也相继开始了混合动力汽车的研发和生产，串联式、并联式、混联式、插电式等各种类型的混合动力汽车不断涌现。到 21 世纪，混合动力汽车进入全面商业化阶段。

与此同时，随着各国不断加大对新能源汽车的研发投入，电池技术和电机驱动技术也取得了长足进步，电动汽车重获发展契机。2003 年，特斯拉汽车公司成立，推动了电动汽车产业的发展和复兴，各国政府也纷纷出台政策支持电动汽车产业发展，大量传统汽车制造厂商开始转型生产电动汽车。图 1–5–8 所示为特斯拉生产的电动汽车。

图 1–5–8　特斯拉电动汽车

在政策驱动、市场需求和产业投资推动下，中国的电动汽车产业迅速壮大，技术水平不断提高，涌现出大量新能源汽车自主品牌，成为全球最大新能源汽车市场，推动了全球汽车市场变革。其中，比亚迪在电池技术、驱动系统、智能交通等领域取得领先成果，成为行业翘楚。2022 年，比亚迪在全球率先宣布停产全部燃油汽车。

21 世纪初，氢燃料电池汽车也成为研究热点。日本、美国以及欧洲等国家和地区相继投入大量资金支持氢燃料电池汽车研发。随着技术成熟、成本降低以及加氢站等基础设施建设的不断完善，氢燃料电池汽车开始逐渐走向市场。丰田、本田、现代等一些汽车制造厂商，已经开始销售氢燃料电池汽车，并在一些主要城市进行试点。

当前，绿色出行已成为人们的共识，全球新能源汽车的发展势头迅猛。电动汽车占据了新能源汽车市场的最大份额，其次是混合动力汽车。氢燃料电池汽车由于基础设施建设时日尚短以及安全性等问题，发展速度仍较为缓慢。

三、中国汽车工业的发展历程

旧中国没有自己的汽车工业。1901 年，匈牙利人李恩斯将两辆美国生产的奥兹莫比尔汽车运到上海，自此汽车开始进入中国。我国现在保存最早的汽车是存放在颐和园的图利亚（Duryea）牌小汽车，如图 1–5–9 所示。这辆 1902 年被袁世凯从美国购买用来送给慈禧作为生日礼物的汽车，被冠以“中国第一车”的美名。

图 1–5–9 存放在颐和园的图利亚（Duryea）牌小汽车

中国从 1953 年开始有了自己的汽车工业。经过 70 年的风风雨雨和艰苦创业，中国汽车工业走上了快速发展的道路。纵观我国汽车工业的发展历程，大体上可分为创业、成长、全面发展和优化升级四个阶段。

1. 我国汽车工业的创业阶段（1953—1965 年）

1953 年 7 月 15 日，长春打下了中国第一汽车制造厂（以下简称“一汽”）的第一根桩，从此拉开了新中国汽车工业筹建工作的序幕。1956 年 7 月 13 日，新中国第一辆国产汽车——“解放”牌载货汽车（见图 1–5–10）驶下总装配生产线，结束了中国不能制造汽车的历史，圆了中国人的汽车生产之梦。

图 1–5–10 “解放”牌载货汽车

“一汽”是我国第一个汽车工业生产基地，在成立之初，其主要发展战略是以生产中型载货汽车、军用汽车和其他改装汽车为主。

1957 年 5 月，“一汽”开始仿照国外样车自行设计轿车。1958 年，“一汽”成功试制出

CA71 型“东风”牌轿车（见图 1-5-11）和 CA72 型“红旗”牌轿车（见图 1-5-12）。在当时，“红旗”牌轿车被列为国家礼宾用车和国家领导人的庆典检阅车。

图 1-5-11　CA71 型“东风”牌轿车

图 1-5-12　CA72 型“红旗”牌轿车

在“一汽”紧锣密鼓赶制“东风”牌轿车之时，上海也在奋力打造第一款轿车。1958 年 9 月 28 日，上海汽车装配厂的工人们，硬是用榔头手工敲打出了上海第一辆轿车——“凤凰”牌轿车，如图 1-5-13 所示。

图 1-5-13　上海“凤凰”牌轿车

1958 年以后，中国汽车工业出现了新景象，各省市纷纷利用汽车配件厂和修理厂仿制和拼装汽车，形成了中国汽车工业发展史上的第一次“热潮”，产生了一批汽车制造厂、汽车制配厂和汽车维修改装厂。到 1960 年，全国各地汽车制造厂由 1 家发展为 16 家，汽车维修改装厂由 16 家发展为 28 家，其中，南京、上海、北京和济南 4 个基础较好的汽车生产基地，经过技术改造成为继“一汽”之后第一批地方汽车制造厂。

这些地方汽车制造企业，发挥地方优势不断发展壮大，虽丰富了中国汽车产品的构成，满足了国民经济需要，为今后发展大批量、多品种的生产协作配套体系打下了基础，但也因从自身利益角度出发，片面追求自成体系，最终导致出现“小而全”重复生产的畸形发展格局，致使整个汽车行业投资分散、浪费严重，为后来汽车工业的发展留下了隐患。

截至1965年年底，我国汽车工业总投资额为11亿元，形成了一大四小5个汽车制造厂，年生产汽车近6万辆、9个车型品种。同年，我国民用汽车保有量近29万辆，其中国产汽车17万辆。

2. 我国汽车工业的成长阶段（1966—1978年）

1964年，我国确定在湖北省十堰市建设第二汽车制造厂（以下简称“二汽”），如图1-5-14所示。与“一汽”不同，“二汽”是我国依靠自己力量创建起来的工厂，采用了专业对口、老厂包建新厂和国内先进成果移植的方法。除汽车制造厂外，“二汽”在湖北省内外还新建、扩建了26个重点协作配套厂。当时的“二汽”主要生产中型载货汽车和越野汽车，拥有约2万台设备，100多条自动生产线，只有1%的关键设备由国外引进。“二汽”的建成，开创了中国汽车工业以自己力量设计产品、确定工艺、制造设备、兴建工厂的纪录，检验了中国汽车工业的水平，标志着中国汽车工业迈上了一个新台阶。

图1-5-14　第二汽车制造厂

与此同时，四川汽车制造厂和陕西汽车制造厂分别在重庆市和宝鸡市（现已迁至西安市）兴建投产，主要生产重型载货汽车和越野汽车。为适应国民经济发展对重型载货汽车的需求，济南汽车制造厂扩大了“黄河”牌8 t重型载货汽车的产能，安徽、河南、辽宁、黑龙江和湖南等地也相继投入同类车型的生产当中。

这一时期，由于全国汽车供不应求，形成了中国汽车工业发展的第二次“热潮”。1976年，全国汽车制造厂家增加到53家，专用汽车改装厂家增加到166家，但每个厂家平均产能不足千辆，多数都在低水平上重复。

3. 我国汽车工业的全面发展阶段（1979—2010年）

在改革开放方针政策的指引下，我国汽车工业引进国外资金和先进技术设备，开始进入全面发展阶段。1984年，上海汽车制造厂与德国大众汽车股份公司签署合资协议，于1985年

3 月 21 日正式成立上海大众汽车有限公司，标志着中国汽车工业掀开了历史性的一页。

1987—1988 年，我国解放、跃进、黄河等老汽车产品升级换代，结束了 30 年一贯制的历史。1989 年 6 月 23 日，中国第一辆斯太尔重型载货汽车在济南汽车制造总厂下线。“二汽”在东风 EQ140 型载货汽车的基础上，生产出东风 EQ1092 和东风 EQ1118 等新型载货汽车，如图 1-5-15 所示。

a）

b）

图 1-5-15　东风新型载货汽车

a）东风 EQ1092 型载货汽车　b）东风 EQ1118 型载货汽车

1994 年 7 月 3 日，中国第一部《汽车工业产业政策》颁布，明确以轿车为主的汽车发展方向，首次提出鼓励汽车消费，允许私人购车，对合资产品有了明确的国产化要求，使我国汽车工业发展有了更明确的方针和目标。各汽车生产企业顺应时代变化，积极进行产品结构调整。例如，上海大众经过一期改造后，年产汽车达到 6 万辆，拥有了国内第一条高标准轿车整车生产线，使中国轿车工业确立了新的规模标准。

行业管理体制和企业经营机制改革，汽车车型品种、质量和生产能力大幅增长。“自主品牌”汽车也开始大量涌现，中国汽车工业逐渐壮大。

1997 年，吉利进入汽车产业，成为中国第一家民营轿车生产企业，拉开了中国汽车走向成熟的序幕。1998 年 8 月 8 日，首辆吉利 · 豪情汽车（见图 1-5-16）在临海基地下线。2010 年吉利收购沃尔沃汽车，是迄今中国汽车行业最大的一次海外并购。

同是 1997 年，奇瑞汽车股份有限公司注册成立，其旗下产品覆盖乘用车、商用车、微型车等，并 9 年蝉联中国自主品牌销量冠军，如图 1-5-17 所示。

1984 年，保定市长城工业公司成立，后于 2001 年改制为长城汽车股份有限公司，该公司推出的赛弗 SUV（运动型多用途汽车）如图 1-5-18 所示，首开中国经济型 SUV 先河。

2000 年以后，中国汽车工业进入了快速发展的高速路。2000—2002 年，仅用两年时间，中国汽车年产量就实现了从 200 万辆到 300 万辆的跨越；2002 年，我国汽车年产量为

图 1-5-16　吉利·豪情汽车

图 1-5-17　奇瑞汽车

图 1-5-18　赛弗 SUV

325.1 万辆，其中轿车产量 109 万辆，位居世界第五；2003 年，我国汽车年产量达到 444.4 万辆，其中轿车产量 201.9 万辆，成为世界第四汽车生产大国；2006 年，我国汽车年产量达到 728 万辆，位居世界第三；2009 年，我国汽车年产量达到 1 360 万辆，一举超越美国、日本，位居世界第一，并跃升为全球最大新车市场。中国汽车产业在长时间内保持着惊人的增长速度，自 2009 年起，我国已连续多年汽车产销量稳居全球第一，图 1-5-19 所示为历年中国汽车产量走势情况。

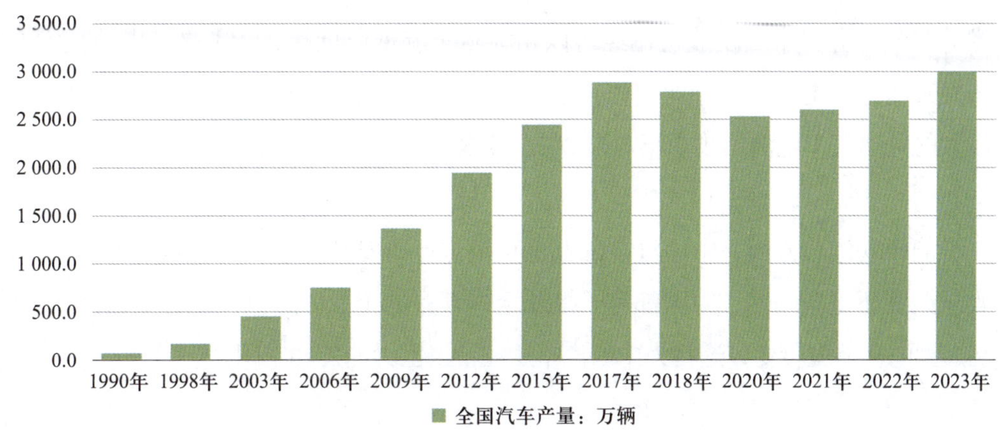

图 1-5-19　历年中国汽车产量走势情况

中国汽车产业不仅是产销量高速增长，自主品牌汽车市场份额也在扩大，乘用车、轿车分别占市场份额的 44% 和 30%；技术法规进一步完善，技术改造和技术研发投入能力进一步提高，汽车企业兼并重组取得重大进展，产业集中度进一步提高。

4. 我国汽车工业的优化升级阶段（2011 年至今）

随着新一轮科技革命和产业变革的蓬勃兴起，汽车工业与信息、通信、交通、能源等领域进一步深度融合。中国汽车产业不断求变、进化，从高速发展到转型升级，发展重心由“增长速度”向“增长质量”转变，积极探索绿色可持续发展之路，中国新能源汽车迅猛崛起，汽车数字化和智能化水平也在快速提升。

2011 年以来，政府加大调控力度，实行“去产能、调结构、转方式”的指导思想，积极在产品结构、品牌结构、技术结构、市场结构等方面谋求战略转型。加快培育和发展新能源汽车产业，促进汽车产业优化升级，实现由汽车工业大国向汽车工业强国转变。中国汽车工业自此走上了突飞猛进的技术革新之路。从过去依赖外国进口技术到如今自主研发，中国汽车工业在新能源汽车领域、智能网联汽车领域取得了突出成绩。

2012 年，比亚迪开始进军国际市场，凭借领先的电池技术成为许多国家电动交通的首选。

2014—2016 年，以李斌、李想、何小鹏为代表的互联网企业负责人纷纷加入造车大军，传统车企也开启了转型之路，埃安、极狐、极氪、岚图等背靠传统车企的新能源品牌相继诞生。

2015 年，中国新能源汽车年产量 34 万辆，销售 33.1 万辆，跃居世界第一，成为全球最大的新能源汽车市场。2020 年，中国新能源汽车销售量达到 136.7 万辆，占据全球市场半壁江山。2021 年，中国新能源汽车销量首超 300 万辆。截至 2023 年，中国国内新能源汽车零售渗透率达到 35.1%，中国新能源汽车销量占全球 60% 以上，其中自主品牌贡献了 80% 以上销量，相关产业链逐步形成，配套设施不断完善。而在电池技术、电机技术、电控技术等关键部分，中国企业也已经可以和国际一流企业抗衡。特别是在电池技术方面，比亚迪发布的刀片电池技术行业领先，中国已成为全球最大的动力电池生产国，同时也是全球最大的电动汽车电池回收市场。自 2015 年开始，中国新能源汽车已经连续 8 年全球产销第一。

在智能网联汽车方面，中国汽车工业也积极进行研发和探索。无论是自动驾驶、车载信息娱乐系统还是车联网，中国都有一批在全球领先的企业。这也标志着中国汽车工业正在从制造型向智造型转变，这将为中国汽车工业带来巨大的发展空间。

思考题

1. 什么是 T 型汽车？福特 T 型汽车在世界汽车工业史上的重要意义是什么？
2. 简述世界汽车工业史的发展历程。
3. 简述新能源汽车的发展历程。
4. 新中国汽车工业的发展历程是如何划分的？各阶段有哪些特征？

第二章 汽车外形与色彩

第一节 汽车外形设计

学习目标

1. 了解影响汽车外形设计的因素。
2. 了解汽车外形的演变历程。
3. 了解风格各异的汽车造型。

汽车的魅力不仅体现在它是快捷的交通工具，还体现在其精妙的人文设计理念。精致的汽车外形能使人们对汽车产生美感，由审美鉴赏上升为对汽车内涵更深刻的理解，并由此产生使用和占有的欲望。

汽车对很多人来说，不仅是交通工具，还是文化和个性的体现。现代汽车的外形设计不仅是对汽车外观的装饰和加工，更是集科技与艺术之大成的人类智慧结晶。汽车设计师们以他们丰富的形象思维，加上现代科技应用，不断创造出性能优良、使人赏心悦目的汽车产品，让汽车真正成为艺术与技术的完美结合。

一、影响汽车外形设计的因素

影响汽车外形设计的因素主要有三个，即机械工程学、人机工程学和空气动力学。其中，机械工程学和人机工程学，在汽车设计初期对决定汽车构造的基本骨架有重要意义。

1. 机械工程学对汽车外形设计的影响

汽车的首要目标是行驶和耐用。以此为前提，汽车外形设计必须考虑机械工程学要素，包括发动机、变速器内部结构设计等。汽车的外形构造如图 2–1–1 所示，其中，首先要考虑将汽车发动机、变速器、车轮、制动器、散热器等，安装在车体合理的部位，以确保汽车能够更好行驶；其次要根据发动机、变速器的尺寸大小以及驱动方式等考虑车身骨架，在确保安全的前提下适当控制成本；最后还要兼顾车辆维修的便捷性，即便发生严重碰撞事故，车身也要易于修复。

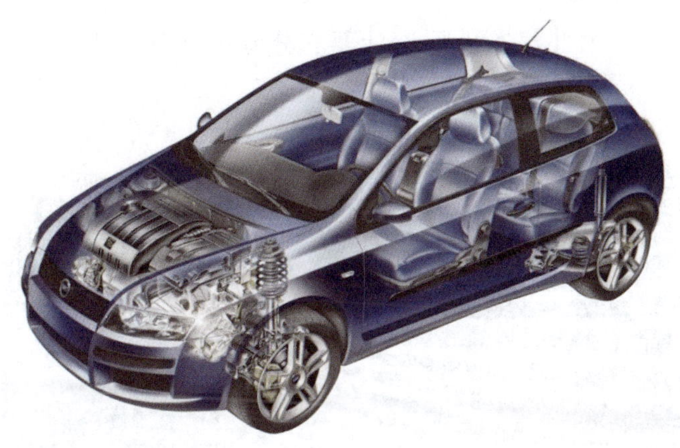

图 2–1–1 汽车的外形构造

2. 人机工程学对汽车外形设计的影响

汽车是由人驾驶的，必须确保驾乘人员的安全和舒适，因此汽车外形设计要考虑人机工程学要素，扩大驾驶员视野，保证乘车人空间，提升驾驶便利，方便上下车和减少车身振动等，如图 2–1–2 所示。

图 2–1–2 汽车的内部空间

3. 空气动力学对汽车外形设计的影响

汽车高速行驶时，对汽车影响最大的是空气阻力，如图 2–1–3 所示。根据产生原因和作用机理的不同，汽车的空气阻力可以分为压力阻力、诱导阻力、干扰阻力、内循环阻力和摩擦阻力。其中，压力阻力是空气阻力的主要组成部分，它由车身主体形状所决定，因此又称形状阻力，占空气阻力的 55%～65%；诱导阻力是汽车在行驶过程中受到的向上升起的力，占空气阻力的 6%～8%；干扰阻力是汽车表面突出物，如门把手、后视镜等引起的阻力，占空气阻力的 12%～18%；内循环阻力是指空气流经车体内部时（冷却发动机、车内通风等）形成的阻力，占空气阻力的 5%～12%；摩擦阻力则是空气高速流过车身表面所产生的摩擦力，占空气阻力的5%～10%。空气阻力对汽车的油耗和操控性等影响非常大，因此汽车外形设计要充分考虑空气动力学要素，尽量减少空气阻力。

图 2–1–3　汽车空气阻力

为了获得更好的气动性，现代汽车设计一般都要在风洞中进行大量实验，如图 2–1–4 所示。这也成为汽车外形设计的重要一环，是汽车设计师们要考虑的重点因素。

图 2–1–4　汽车风洞实验

4. 其他影响汽车外形设计的因素

除了以上三个主要因素，还有其他一些影响汽车外形设计的因素。例如，为了使汽车畅销，汽车制造厂商希望汽车外形能够直接刺激顾客的购买欲，这就属于商品学因素。不同国家、不同厂家乃至不同的设计师，由于历史积淀和个人喜好的不同，设计的汽车会有很大差异，这就属于文化因素。

要想将所有影响汽车外形设计的因素，全部完美体现在同一款汽车上是非常困难的。如果追求汽车的行驶性，即机械工程学要素，最好是把汽车座席布置于发动机之上，但这样汽车的驾驶性将受到影响；如果追求汽车的舒适性，即人机工程学要素，最好是把汽车设计得像住宅一样宽敞，但这样汽车的空气阻力将非常大，无法高速行驶；如果追求汽车的速度性，即空气动力学要素，最好是把汽车设计成水滴形，但这样汽车的空间将大打折扣，舒适性将无法保证。自汽车问世以来，人们为追求获得满足使用功能要求的完美汽车造型，一直在不懈努力。

二、汽车外形的演变

汽车车身在发展过程中经历了各种车型的演变，例如马车型、箱型、流线型、船型（三箱型）、鱼型、楔型和子弹头型等。

1. 马车型汽车

在汽车发展初期，汽车车身主要是根据马车造型进行设计。例如，戴姆勒发明的世界第一辆四轮汽车，就是在马车上安装了内燃机。因此，当时的汽车外形设计师主要着眼研究的是汽车机械工程学，即只要汽车能够开动起来就行，所以当时的汽车又被称为“无马的马车”，如图 2–1–5 所示。

a)

b)

图 2–1–5 沿用马车造型的汽车

a）1892 年生产的标致汽车 b）奥兹摩比尔弯挡板汽车

2. 箱型汽车

为了提高车速，人们将汽车发动机的尺寸设计得越来越大，座位下方已无法容纳，只好布置在汽车前端。这样一来，汽车车身也随之改变，由马车型演变为箱型。1896 年，法国 P&L 公司生产了世界上第一辆封闭式汽车，如图 2–1–6 所示，成为箱型汽车的开端。

美国福特公司于 1915 年推出一款全新的 T 型汽车。这款汽车，因车身很像一只装有门窗的大箱子，而被人们称为“箱型汽车”，如图 2–1–7 所示。

图 2–1–6 世界上首辆封闭式汽车

图 2–1–7 1915 年生产的福特 T 型汽车

3. 流线型汽车

随着生活节奏的加快，人们对车速的要求越来越高。箱型汽车由于外形设计原因导致空气阻力很大，而无法获得高速度，于是人们开始研究设计新的车型。1934 年，美国克莱斯勒生产的“气流”小轿车（见图 2–1–8），首次采用流线型车身。这种汽车把车身降低、左右加宽，高速转弯时能获得更好的侧向稳定性；同时，车身截面采用椭圆形设计，行驶时更好地减轻了空气阻力。

图 2–1–8 “气流”小轿车

1936 年，福特公司在“气流”小轿车的基础上，吸收商品学要素，成功研制出林肯“和风”流线型轿车，如图 2–1–9 所示。该车增强了车身协调性，散热器罩更加精练并具有动感，俯视整个车身呈纺锤状，非常有特色。

流线型汽车的大量生产是从德国大众的“甲壳虫”汽车开始的。1937 年，德国大众汽车公司的波尔舍设计了一种外形酷似甲壳虫的汽车，如图 2–1–10 所示。这款汽车最大限度地发挥了甲壳虫外形空气阻力小的长处，投产之后受到人们疯狂的喜爱，成为同类车型中的佼佼者。2019 年 7 月 10 日，最后一辆“甲壳虫”汽车在大众位于墨西哥 Puebla 的工厂下线，之后正式停产。截至目前，大众甲壳虫是大众汽车历史上销量排行第三的车型，总计超过 2 150 万辆。

图 2-1-9 林肯“和风”流线型轿车

图 2-1-10 大众“甲壳虫”汽车

4. 船型（三箱型）汽车

1949 年，美国福特公司设计制造出具有历史意义的新车型——福特 V8 型汽车，如图 2-1-11 所示。这款车型改变了以往汽车的造型模式，前翼子板和发动机罩融为一体，后翼子板和行李舱融为一体，前照灯和散热片融为一体，车身两侧形成直通面，车室位于中央，整辆汽车看上去就像一艘小船，故被称为“船型汽车”。

图 2-1-11 福特 V8 型汽车

福特 V8 型汽车虽然也采用了流线型设计，但在外观上与“甲壳虫”汽车却有着极大区别，它把人机工程学应用在汽车设计上，既考虑了驾车人的操控便利性，也考虑了乘车人的乘坐舒适性。同时，它还加大了行李箱容积，将发动机前置使重心前移，解决了“甲壳虫”汽车存在的行驶稳定性问题，大大提高了汽车安全性，因此深受广大消费者喜爱。

20 世纪 50 年代开始，船型（三箱型）汽车造型在世界开始普及，我国自行研制的“红旗”牌高级轿车就是采用船型造型进行设计的，如图 2-1-12 所示。

图 2–1–12 “红旗”牌高级轿车

5. 鱼型汽车

为了克服船型汽车因阶梯状造型设计而产生的涡流问题，设计师们将汽车后挡风玻璃设计成斜背式，这样设计的汽车因背部看上去像鱼的脊背，所以被称为“鱼型汽车”。

早期鱼型汽车的代表有美国 1952 年生产的“别克”汽车（见图 2–1–13），1964 年克莱斯勒生产的“顺风”（Plymouth）汽车（见图 2–1–14）以及 1965 年福特生产的“野马”汽车（见图 2–1–15）。自克莱斯勒“顺风”汽车问世之后，世界各国也陆续开始生产鱼型汽车。

图 2–1–13 采用鱼型设计的“别克”汽车

图 2–1–14 克莱斯勒“顺风”（Plymouth）汽车

图 2-1-15 福特“野马”汽车

鱼型汽车在设计上也存在一定缺陷，主要是由于后挡风玻璃斜度和面积过大，从而导致车身强度降低。此外，鱼型结构虽然使汽车的压力阻力减小但诱导阻力上升，从而导致汽车横向稳定性变差。为了解决横向稳定性差的问题，设计师们想了不少办法，给汽车加装尾翼，于是便有了“鱼型鸭尾”汽车，如图 2-1-16 所示。

图 2-1-16 “鱼型鸭尾”汽车

6. 楔型汽车

为了从根本上解决鱼型汽车诱导阻力大的问题，设计师们通过研究和探索，设计出楔型汽车。楔型汽车的特点是车身前部向下倾斜，尾部如刀削般平直，整体形状如楔子。这样造型的汽车，在高速行驶时能够形成风压，从而克服汽车产生的升力，成为理想的高速造型。

最早采用楔型造型设计的汽车是 1963 年美国司蒂贝克汽车公司生产的斯蒂庞克·阿本提，如图 2-1-17 所示。尽管它的造型获得了专家们的高度评价，但市场销售却一败涂地，原因是在船型汽车盛行的年代，人们很难接受与之形成强烈对比的楔型汽车。不过，真正优秀的东西不会被埋没，1966 年和 1968 年，奥兹莫比尔和卡迪拉克将楔型造型应用于多款汽车，使楔型设计得到继承和发展。自此以后，楔型造型成为轿车的首选设计，并在后来的跑车和赛车上广泛应用。目前，世界各大汽车生产国生产的汽车都带有楔型效果，譬如人们所熟识的兰博基尼等，如图 2-1-18 所示。

图 2-1-17　斯蒂庞克·阿本提

图 2-1-18　兰博基尼

7. 子弹头型汽车

汽车外形发展到楔型之后，升力问题基本得到解决。20 世纪 70 年代，全球经济日益繁荣，人们对汽车的期望不再仅仅是简单的出行工具，而是希望汽车能够满足更多不同的需求，如商务出行、家庭旅行等，于是一种新型的多用途厢式汽车问世了。多用途厢式汽车全称 Multi-Purpose Vehicle，简称 MPV，属于微型厢式汽车范畴。由于这种汽车造型酷似子弹头，因此被我国民众习惯性称为“子弹头”汽车，如图 2-1-19 所示。子弹头汽车将流线型和楔型汽车的优点集于一身，在加工制造上引进航空航天技术，外观看上去线条流畅、色调温和、动感性强，具有鲜明的时代气息和时尚风格。

图 2-1-19　“子弹头”汽车

三、世界各国的汽车造型

1. 意大利的汽车造型

意大利是一个充满艺术气息的国度，拥有悠久的历史、古老的文明，游走在时尚的顶端，是设计的天堂。意大利人把雕塑艺术加入汽车造型设计，形成了现代汽车的审美比例和车身光影哲学。意大利的汽车造型设计没有一种很“定视化”的概念，从来不拘泥于条框，在日益千人一面的设计界独树一帜，造就了无数经典。例如，宾尼法利纳 1947 年生产的 Cisitalia（西斯塔尼亚）202，被称为“奔跑的雕塑”，成为世界首台被纽约现代艺术博物馆永久收藏的汽车，如图 2–1–20 所示。阿斯顿・马丁 1958 年推出的 DB4 汽车，如图 2–1–21 所示，充分树立了阿斯顿・马丁豪华运动汽车品牌形象，并延续至今。

图 2–1–20　Cisitalia 202

图 2–1–21　阿斯顿・马丁 DB4

2. 德国的汽车造型

德国在机械技术方面一直走在世界前沿，这个特点也充分体现在汽车工业上。德国汽车的特点是机械性能卓越，造型优美，设计风格呈现多元化特点。例如，戴姆勒生产的奔驰汽车注重线条流畅和动感十足的设计风格，细节处理、颜色搭配和造型设计尽显豪华感和运动感，如图 2–1–22 所示。宝马在百年发展过程中，十分在意产品的标志性亮点，除了蓝天白云的 LOGO 之外，“双肾”进气格栅是其延续至今的家族标志，如图 2–1–23 所示。

大众旗下的品牌汽车则是以实用风格为主，突出简洁明了的线条和大曲面微棱角的处理特点，如图 2-1-24 所示。

图 2-1-22　奔驰汽车

图 2-1-23　宝马汽车

图 2-1-24　大众旗下的品牌汽车

3. 美国的汽车造型

美国是世界上最大的汽车生产国之一，有着底蕴深厚的汽车文化。大多数的美国汽车没有特别复杂的线条，风格较为方正，最大特点是强调舒适性、动力性并兼顾安全性。因此，美国汽车往往车身较为庞大、悬挂系统和隔音设计非常出色，发动机排量大、马力强劲，给人一种刚劲有力的“肌肉感”，如图 2-1-25 所示，这与美国地广人稀、经济发达、资源丰富的特点也有很大关系。不过，近年来，随着汽车市场的发展，竞争加剧，美国汽车对造型设计也做了很大改观，在保留宽大舒适空间以及张扬个性的同时，对外表细节也

图 2-1-25　美国的汽车造型

进行了一系列处理，使之更加符合各国消费者的审美。

4. 法国的汽车造型

法国文化向来以自由主义和浪漫主义著称，这种特点也体现在了他们的汽车造型设计上。法国汽车常常通过鲜艳的色彩、动感立体的线条和丰富的个性化设计元素来强调车辆的个性。在众多设计风格中，法国汽车的造型设计更加在意表达独特的民族气质和现代感，如图 2–1–26 所示。

图 2–1–26 法国的汽车造型

5. 英国的汽车造型

英国是欧洲的另一个造型发展中心，汽车造型在这里得到了充分重视。英国的汽车造型一直以经典风格为主，保留着早期流线型时代的一些典型特征，车身线条多以优雅的曲线为主，他们崇尚手工制品和自然植物纹路的设计。因此，汽车造型趋于保守，热衷于装饰，着意体现豪华、气魄、庄重，形态以四平八稳的三箱型为主，激进大胆的造型可谓凤毛麟角，如图 2–1–27 所示。

图 2–1–27 英国的汽车造型

6. 日本的汽车造型

日本的汽车造型一直以简洁大方为主导，相较于其他国家的汽车，日本汽车更注重细节设计。日本汽车通常采用流畅的线条和简约的造型，注重车身的动感与比例协调，悬挂下沿较高，车身视觉感较强，追求更好的空气动力学性能。同时，日本汽车的侧面造型也借鉴了一些欧洲车型的经典元素，使整个车身更加时尚大气，如图 2-1-28 所示。

图 2-1-28　日本的汽车造型

7. 中国的汽车造型

中国的汽车造型设计，经历了借鉴→融合→发展创新的演进过程。目前，无论是在车身形状、色彩搭配、内饰设计还是汽车 LOGO 等方面，都形成了中国汽车造型设计的特有风格。红旗、比亚迪、吉利、长城等国产汽车品牌，将越来越多的中国元素注入汽车造型设计当中，不仅外观上体现了中国文化的精髓，更把现代科技与艺术元素相融合，在强化“文化自信”的道路上高歌猛进，令人耳目一新。

我国“一汽”集团生产的红旗 E-HS9 汽车，如图 2-1-29 所示，其汽车 LOGO 采用中轴线布局 + 具象化的设计，结合中国红颜色，将中国传统元素与现代汽车设计相结合，寓意“旗贯山河、紫气东来”，展现了红旗品牌独特的文化内涵。

图 2-1-29　红旗 E-HS9 汽车

比亚迪“汉”EV 千山翠限量版车型，如图 2-1-30 所示，采用翠绿色的外观和内部设计，带吉祥物中国结设计元素，内饰绿调轻奢高级，恬淡宜人，展现了一种山水国画的美学意境。

图 2–1–30　比亚迪“汉”EV 千山翠限量版车型

思考题

1. 影响汽车外形的因素有哪些？进行汽车外形设计时应该首先考虑什么因素？
2. 与流线型汽车相比，鱼型汽车有哪些优点？
3. 世界各国汽车造型有哪些特点？

第二节　汽车色彩

学习目标

1. 了解汽车色彩的含义。
2. 了解影响汽车色彩设计的因素。
3. 了解汽车色彩的发展趋势。
4. 了解汽车色彩的三个要素。
5. 掌握汽车车身颜色要考虑的四个因素和汽车内饰颜色的选择原则。

各种色彩的汽车满足了人们的审美要求，美化了产品和环境，多种颜色的车身在人们面前展示了一个五彩缤纷的汽车世界，给人以美的享受。优美的汽车色彩设计能够提高汽车产品的外观质量，增强汽车的市场竞争力，同时，也为汽车驾驶人提供舒适安全的操控环境。

汽车色彩是汽车品牌文化的重要组成部分，在汽车的设计开发、生产制造、推广营销过程中，发挥着举足轻重的作用。

一、汽车色彩的含义

不同的颜色会使人产生不同的心理与生理状态，还能引起人们的兴奋、紧张、安全、烦躁、犹豫等不同的心理效果。汽车色彩种类很多，不同颜色所代表的感官特点见表 2–2–1。

表 2-2-1　汽车颜色代表的感官特点

颜色	感官特点
银灰色	使人联想到金属材料，是最能反映汽车本质的一种颜色，给人很强的立体感
白色	立体色，给人明快、活泼、大方、清洁、朴实的感觉，容易与外界环境相协调，使小车显大，比较耐脏，相对中性，适合各类人群
黑色	给人保守、自尊、庄重、严肃的感觉，不太耐脏，多用于公务车辆
红色	对人的视觉刺激作用比较大，给人跳跃、兴奋、欢乐的感觉，一般运动款车型使用较多
蓝色	给人冷静、智慧、深远、无限、永恒、冷酷、犹豫的感觉，是安静的色调，适合个性不太张扬的人群，不太耐脏
黄色	给人欢快、温暖、活泼和创新的感觉，是最为明亮的颜色，在视野环境中最易被发现
绿色	给人自然、安逸、公平、可靠、淳朴、平凡和富有生命力的感觉，在汽车中并不常见

二、色彩的视认性

色彩的视认性是指颜色被辨别的程度。越显眼的颜色，越能引起别人的注意。影响色彩视认性的主要因素有以下几点。

1. 颜色的进退性

即根据视觉距离的不同，颜色可分为前进色和后退色。例如，红、黄、蓝、绿四种颜色，在同等距离的前提下，观察者会觉得红色和黄色的汽车更近一些，蓝色和绿色的汽车更远一些。因此，红色、黄色被称为前进色，蓝色、绿色被称为后退色，前进色视认性更好。

2. 颜色的收缩性

同款汽车涂抹上不同的颜色，会让人产生体积大小不一的感觉。例如，黄色有膨胀性，涂在汽车上会感觉汽车大一些，因此称为立体色；蓝、绿色有收缩性，涂在汽车上会感觉汽车小一些，因此称为收缩色。

3. 颜色的明暗性

颜色在人的视觉中亮度是不同的，可分为明色和暗色。例如，红、黄色涂在汽车上会感觉汽车大一些、近一些、醒目一些，因此属于明色；蓝、绿色涂在汽车上会感觉汽车小一些、远一些、模糊一些，因此属于暗色。

颜色在人的心理上会产生一种造型效果。颜色的造型效果取决于涂抹颜色的面积、亮度、纯度以及匹配度等。对于三维立体的汽车车身，由于受形体、尺寸以及色差等因素的影响，这种效果会更加明显。因此，用户在选择汽车时，要根据车型来决定颜色。

购买微型汽车最好选择亮度和纯度相对较高的颜色，这样能使车体看上去显大；购买中型汽车，选择亮度和纯度适中的颜色即可；购买大型汽车最好选择亮度和纯度相对较低的颜色，这样会有压缩效果，使汽车看起来更为结实、紧凑。

一些视认性不好的颜色，如果合理搭配，也可提高视认性。例如，蓝色和白色搭配，视认效果就大为改善。荧光漆和夜光漆，能增强汽车的能见度和娱乐气氛，被广泛应用于各种赛车、摩托车。

色彩视认性从好到差的排列依次是白色、银色、黄色、红色、蓝色、绿色、黑色。

三、影响汽车色彩设计的因素

一般情况下，人们都是根据自己的喜好来选择汽车颜色的。据调查，私家车车主中，大约有 85% 的人是凭个人喜好，仅有 3% 左右的人是考虑安全因素，但知晓安全因素与色彩关系的人，也仅有一半。

颜色是车主个性的表现，能反映车主的情感和身份。但是，仅从个人喜好来考虑还远远不够。汽车的色彩设计一般要经过色彩研究、想象设计、色彩构成、用户评议、信息反馈、色彩初步确定、环境试验、色彩最终确定等一系列步骤。在设计时，应重点从汽车的使用功能、使用环境、使用对象、使用安全以及流行色等方面考虑，同时做好内饰色彩的选配。

1. 使用功能对汽车色彩的影响

汽车在使用过程中形成了一些惯用色彩。例如，消防车（见图 2–2–1）采用红色是为了提醒路人紧急避让；救护车（见图 2–2–2）采用白色是代表生命的纯洁和神圣；邮政车（见图 2–2–3）选择绿色是给人带来和平与安全；军用车（见图 2–2–4）使用深绿色是为了隐蔽和安全；工程车（见图 2–2–5）以黄色为主，是为了醒目，引起周边注意。

图 2–2–1　消防车

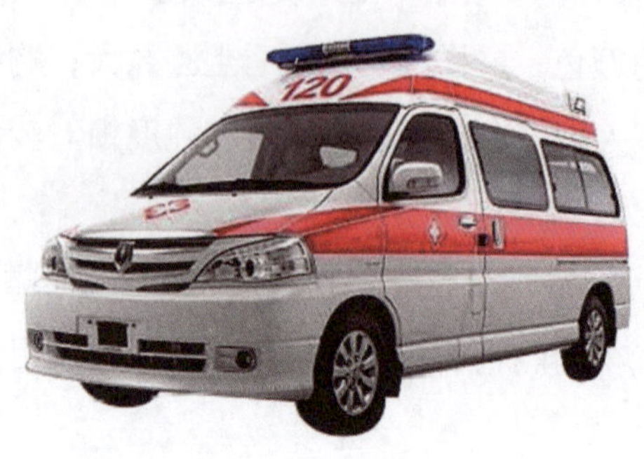

图 2-2-2　救护车

图 2-2-3　邮政车

图 2-2-4　军用车

图 2-2-5　工程车

2. 使用环境对汽车色彩的影响

世界不同地区的人们，由于阳光、气候等环境因素的差异较大，因此对色彩的偏爱也会有所不同。例如，北方地区气候寒冷，人们习惯选择暖基调的颜色，如红色、黄色等；南方地区气候温暖，人们习惯选择冷基调的颜色，如白色等。美国纽约大西洋沿岸的人们喜欢淡色，而旧金山太平洋沿岸的人们却喜欢鲜明色。北欧阳光接近发蓝的黄色，因而人们喜欢青绿色。伊朗、科威特、沙特阿拉伯、伊拉克等中东地区国家的人们禁忌黄色，推崇绿色，因为绿洲是生活在沙漠地区人们的宝藏，是生命之源。

汽车行驶在城市当中，对城市色彩的装点会有一定辅助作用，如果汽车色彩与环境色彩发生冲突，容易造成城市环境的混乱。因此，汽车色彩要与环境色彩相协调。

3. 使用对象对汽车色彩的影响

世界各国、各地区、各民族的人们，由于政治、经济、文化、教育以及生活习惯的不同，对色彩的观念也有很大区别。在中国，红色是诚实和喜庆的象征，但在美国却代表赤字和警示；在日本、新加坡等地，人们对黑白相间的颜色比较忌讳；非洲、拉丁美洲的许多国家，偏爱鲜亮、温暖的颜色；南亚的一些国家爱在车上涂绘奇花异草、珍禽猛兽、风景名胜，甚至美女、舞蹈以及神话图案，使汽车看起来艳丽多彩、喜庆热烈，如图 2–2–6 所示。此外，不同宗教信仰对色彩的理解也不相同。比如，佛教中，黄色被誉为最崇高的色彩，代表超俗，但在基督教中却被视为叛徒犹大衣服的颜色，是卑劣可耻的象征。

图 2–2–6 涂有不同图案和颜色的汽车

在对汽车颜色进行选择的过程中，人的年龄、性别、性格以及受教育程度和社会地位等，也会形成影响。成功人士、商务人士为体现庄重、华贵，一般选择黑色和白色的居多。青年人充满活力，希望汽车展现豪华、快捷，同时体现个性，所以车身颜色多以轻色调为主。时尚女性因为爱美，一般会选择独特的汽车颜色。

4. 使用安全对汽车色彩的影响

汽车的行车安全不仅受车况、驾驶操作等因素的影响，还受到车身颜色的视认性影响。科学研究表明，前进色、立体色、明色等视认性好的颜色，能让观察者感觉车辆更近、更大、更醒目，从而更早察觉危险，及时采取避让措施；而后退色、收缩色、暗色等视认性差的颜色，由于感觉车辆更远、更小、更模糊，所以经常避让不及，导致事故发生。

什么颜色的汽车上路更安全？澳大利亚最大的汽车保险公司就汽车颜色与交通事故发生频率之间的关系，进行了一番研究。结果表明：撞车等交通事故的发生，与汽车颜色有着密切联系。其中，黑色汽车最容易发生事故。在白天，黑色汽车发生事故的可能性比白色汽车高 12%，而在凌晨和傍晚，这一数字高达 47%，灰色和银色汽车的危险性仅次于黑色汽车，然后是红色、蓝色和绿色汽车，再次是黄色，而白色汽车最安全。

可见，正确选择车身颜色对于减少和避免交通事故的发生具有非常重要的作用。

5. 流行色对汽车色彩的影响

流行色通常是指一个特定时期内，大多数人都喜欢或采纳的几种或几组时髦色彩。这些色彩往往是符合当时的社会、科技、经济和文化时尚的综合产物。

流行色的变化大约在 5 ~ 7 年时间，包括始发期、上升期、高峰期和衰退期四个阶段，其中高峰期可能持续 1 ~ 2 年。但汽车的流行色与其他商品会有不同，它的变化是缓慢的，一段时期内可能只是呈一种增长或衰减的趋势，而且每一种颜色的延续性很强，比如白色、黑色、银色、蓝色这些常规颜色，一段时期内可能不会出现大的波动。

2021 年，世界最大的汽车涂料生产商，美国 PPG 公司曾发布《2021 全球汽车色彩流行报告》，如图 2–2–7 所示。报告显示，在当年的全球汽车销售当中，白色汽车占比 35%，远远高于其他颜色车辆；黑色汽车占比 18%，排名第二；灰色汽车占比 14%，排名第三，但同比增长了 2%；还有占比达到两位数的汽车是银色汽车，占比 11%，但同比减少了 1%。此外，蓝色、红色和自然色调的汽车虽受欢迎程度略有下降，但报告显示，市场对更鲜艳颜色汽车的需求在增加，这些颜色更有可能出现在运动款车型上。

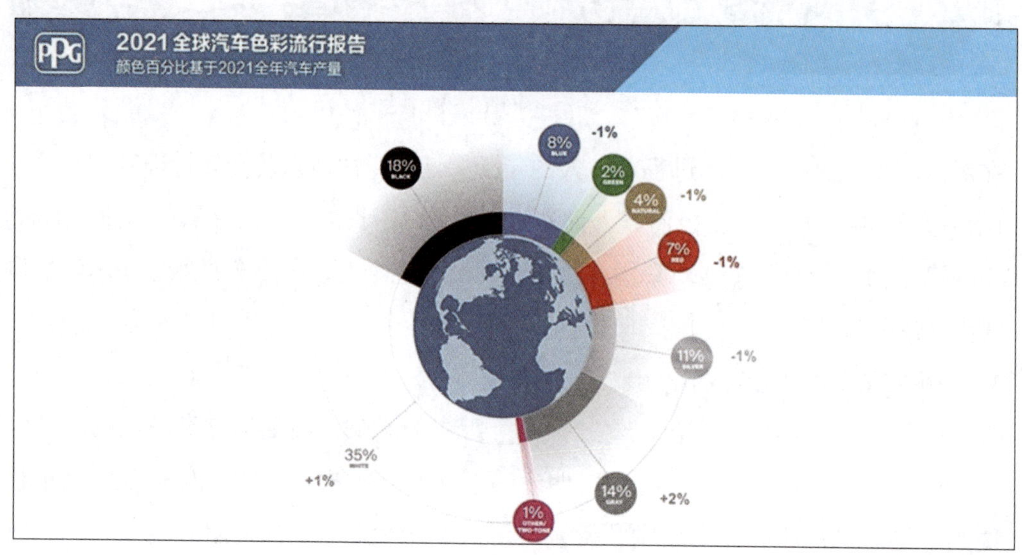

图 2–2–7　PPG 公司发布的《2021 全球汽车色彩流行报告》

6. 汽车内饰色彩的选配

汽车内饰颜色对于用户选择车辆也有非常大的影响。除了个人喜好，最主要就是关乎行车安全。汽车内饰颜色直接面对驾车人，如果色彩过于浓重，会使人感到压抑；如果过于灰暗，会使人感到沉闷；如果过于艳丽，会使人感到亢奋。而这些因色彩造成的情绪波动，不仅会分散驾车人的注意力，还会使驾车人过早产生视觉疲劳，从而诱发交通事故。因此，对于汽车内饰色彩的选配，不宜五花八门，特别是行车过程中主要进入驾车人视野范围内的地方，最好以柔和的乳白、米黄或浅蓝色为主基调，至于座椅、地板等不常出现在驾车人驾车视野范围内的地方，则可根据市场喜好，选配其他颜色。

四、汽车色彩的发展趋势

在汽车外形日趋同化的今天，汽车色彩已成为区别汽车造型的重要因素之一。当汽车成为大众化、时尚化的商品时，汽车消费者除了考虑汽车的品牌、价格、性能以及造型设计等因素外，最主要考虑的就是汽车色彩。未来，在环保、技术、安全、文化、时尚和材料等因素的影响下，汽车色彩将向着多元化的方向发展，并主要呈现三大趋势。

1. 与健康、可持续的生活方式相关的色彩

随着人们环保意识的增强，汽车色彩也将出现各种与自然环境相协调的主题，如象征清洁能源和生态保护的绿色主题，象征天空、水和健康环境的蓝色主题等，如图 2–2–8 所示。

图 2–2–8 与健康、可持续的生活方式相关的色彩

2. 彰显个性的色彩

个性化是汽车色彩的一个重要发展趋势。未来，为使汽车消费者能有更多的色彩选择，汽车可能会出现“变色龙”色漆，即汽车颜色会因观察者角度或周围环境的不同而呈现不一样的视觉效果，如图 2–2–9 所示。

图 2–2–9 “变色龙”色漆

3. 凸显科技感和现代感的色彩

随着汽车不断朝电动化、智能化和网联化的方向发展，未来汽车将成为高科技的移动空间。因此，汽车色彩也将突出科技感和现代感，朝冷色调方向发展，如银色、灰色、白色等，如图 2-2-10 所示。

图 2-2-10　凸显科技感和现代感的色彩

思考题

1. 在汽车色彩中，白色和红色各有什么特点？
2. 什么是汽车流行色？汽车流行色的变化有何特点？
3. 未来汽车色彩的发展趋势有哪些？

第三节　汽车改装

学习目标

1. 了解汽车改装的魅力。
2. 了解著名的汽车改装公司。
3. 熟悉汽车改装的主要内容。

一、汽车改装的定义

从广义上讲，汽车改装就是对汽车原厂设定进行的所有改动，哪怕只是更换汽车的一个非原厂零部件，如螺钉、铝圈、轮胎、导线等。

目前，我国的汽车改装有两种。

第一种是传统的汽车改装，即生产专用汽车，也就是用国家鉴定合格的发动机、底盘或总成，重新设计、生产与原车型不同的具有专门用途的汽车。这些生产专门用途汽车的制造厂也被称作汽车改装厂或改装汽车厂。例如，哈尔滨汽车改装厂、长春汽车改装有限责任公司、新乡新飞专用汽车有限公司等。

第二种是为了达到某些使用目的，在原厂汽车基础上所做的技术改造，即对汽车的原厂设计进行外部、内部造型以及机械性能改动等，以满足车主对汽车功能和美学的个性化需求。比如，车身贴膜、车身颜色更换、前后保险杠更换，发动机和变速箱升级，内饰改装、操控性改装和音响改装等。

第二种汽车改装最早源于赛车运动，目的只是提高赛车性能，以便取得好的比赛成绩。但随着汽车工业的发展以及赛车运动深入人心，汽车改装慢慢揭开神秘面纱，成为普通车迷的一种时尚生活。

二、汽车改装的内容

根据车主喜好的不同，汽车改装可以分为外观改装、性能改装以及安全和舒适性改装等。

1. 汽车外观改装

汽车外观改装可做的项目有很多，主要的有：车身贴膜，改变车身颜色，加装汽车尾翼，更换大包围、反光镜、前照灯、轮胎、轮毂、防晒膜、高位制动灯以及保险杠等。汽车外观改装可提升汽车的个性和品位，增强视觉美感，使汽车更具运动气息，如图 2–3–1 所示。

图 2–3–1 汽车外观改装

2. 汽车性能改装

汽车性能改装相较于其他的汽车改装实施难度最大，原因一是涉及高昂的费用，二是要求改装人员要有过硬的专业技术。目前，汽车性能改装主要的项目内容有：汽车引擎改装、点火系统改装、进气系统改装、排气系统改装、制动系统改装和底盘悬挂改装等。汽车性能改装能够极大提升汽车的动力性和操控性，从而使驾驶者有更好的速度体验和驾驶快感，如图 2-3-2 所示。

图 2-3-2　汽车性能改装

3. 汽车安全和舒适性改装

汽车安全和舒适性改装主要是针对汽车的内饰进行改装，可做项目有：音响、行程数据指示面板、中控台、车载电话、方向盘、自动踏板、座椅、车窗、后视镜、雷达影像、偏航提醒等，如图 2-3-3 所示。

图 2-3-3　汽车安全和舒适性改装

三、汽车改装的魅力

为了彰显个性，引领潮流，许多车主纷纷对爱车进行改装，汽车已从单纯的代步工具演变为一种文化生活的象征。改装过后的汽车如图 2-3-4 所示，与众不同的颜色、光亮的铝合金轮毂、镀铬的排气管口、轰鸣的发动机引擎，总会不时引起路人的侧目。汽车改装让越来越多的人能够最大限度地展示个性，在改装中展现自己的奇思妙想，在运动中寻求更大的刺激，或许这就是汽车改装最大的魅力。

图 2-3-4　改装过后的汽车

思考题

1. 什么是汽车改装？汽车改装有哪些内容？
2. 汽车改装的魅力是什么？

第三章 世界知名汽车公司及其汽车品牌和标志

第一节 欧洲知名汽车公司及其汽车品牌和标志

学习目标

1. 了解欧洲知名汽车公司的发展史。
2. 熟悉欧洲知名汽车品牌及其汽车标志。

一、德国汽车公司及其汽车品牌和标志

1. 戴姆勒－奔驰汽车公司及其汽车品牌和标志

戴姆勒－奔驰汽车公司于1926年6月29日在德国斯图加特创立，是世界上较早创立的汽车公司之一。其前身是1886年成立的奔驰汽车厂和戴姆勒汽车厂，创始人为卡尔·本茨和戈特利布·戴姆勒。戴姆勒－奔驰汽车公司不仅生产高质量、高性能的豪华轿车，同时也是世界著名的大客车和重型载重汽车生产厂家。

1998年，戴姆勒－奔驰汽车公司与美国克莱斯勒汽车公司合并成立戴姆勒－克莱斯勒汽车公司。2007年8月，美国泽普世（Cerberus）资本管理公司完成了对克莱斯勒汽车公司的收购，以74亿美元的价格购买了克莱斯勒81%的股权，戴姆勒－克莱斯勒汽车公司后又改名为戴姆勒股份公司。

戴姆勒－奔驰汽车公司旗下的主要汽车品牌有：梅赛德斯－奔驰（Mercedes-Benz）、迈巴赫（Maybach）、斯马特（Smart），公司轿车部目前主要生产C级车（紧凑型中档轿车）、E级车（中高档轿车）、S级车（大型豪华轿车）和G型车（越野车）。

（1）梅赛德斯－奔驰汽车及其汽车标志

梅赛德斯源于西班牙语，本是奥地利驻法国领事、戴姆勒汽车公司经销商埃米尔·杰利内克女儿的名字，有“幸运、祥和、温文尔雅”的意思。1899年，埃米尔·杰利内克驾驶戴姆勒制造的、以他女儿名字命名的凤凰牌汽车参加了汽车大赛并获得第一名，于是要求戴姆勒公司将所有生产的汽车全部取名梅赛德斯并由其负责包销。1901年，戴姆勒公司正式将凤凰牌汽车命名为梅赛德斯。1902年9月26日，“MERCEDES”成为戴姆勒公司的

注册商标。

戴姆勒汽车公司最早以三叉星作为汽车标志，如图 3–1–1a 所示，后于 1909 年 6 月正式注册为商标。三叉星标志来源于戴姆勒给妻子的信，他认为画在家里的三叉星不仅能为他带来好运，还象征着公司向海、陆、空三个方向发展。奔驰汽车公司 1909 年注册的汽车标志是月桂枝包围着“BENZ”字样，如图 3–1–1b 所示；1916 年，戴姆勒公司将车标改为在三叉星周围加上圆周，上方镶嵌四颗小三叉星，下方标注“MERCEDES”字样，如图 3–1–1c 所示；1926 年，戴姆勒汽车公司与奔驰汽车公司合并，两家将各自车标元素进行融合，中间保留三叉星，上下分别标注“MERCEDES”和“BENZ”字样，两者之间由月桂枝连接，如图 3–1–1d 所示。

图 3–1–1　早期的奔驰汽车标志

1989 年，梅赛德斯 – 奔驰对车标进行了一次立体化处理，从那之后该标志一直沿用到今天，如图 3–1–2 所示。

图 3–1–2　现在的梅赛德斯 – 奔驰汽车标志

（2）迈巴赫汽车及其汽车标志

迈巴赫汽车是由迈巴赫父子共同缔造的，是德国汽车的经典，也是汽车史上一个充满传奇色彩的品牌。威廉姆 · 迈巴赫最初是戴姆勒汽车公司的总设计师，1909 年，迈巴赫父子创办了自己的飞机发动机制造公司；1919 年，公司重返汽车业，进行汽车和汽车发动机设计；1921 年，威廉姆 · 迈巴赫的儿子卡尔 · 迈巴赫制造出第一辆迈巴赫 W1 豪华轿车；1930 年，闻名于世的迈巴赫 – 齐柏林问世，如图 3–1–3 所示；1941 年，由于战争原因迈巴赫被迫停产，从此进入了长达 60 年的沉睡期。1961 年，迈巴赫品牌被戴姆勒 – 奔驰公司收购。2002 年 7 月，奔驰公司恢复了迈巴赫品牌，但由于市场业绩不佳，迈巴赫系列轿车于 2013 年停产。2014 年，奔驰公司将迈巴赫作为全新子品牌发布，命名为梅赛德斯 – 迈巴赫。

迈巴赫品牌自创立以来就被定位为超级豪华轿车，被视作财富、地位和品位的象征，其代表的是无与伦比的优秀品质、匠心独运的制作工艺、不断突破的科技水平和卓尔不群的尊贵气质。

迈巴赫汽车标志是以一个球面三角形紧紧包围两个交叉的“M”，如图 3-1-4 所示，其原本的意思是“Maybach Motorenbau”，即迈巴赫发动机，但现在则代表“Maybach Manufaktur”，即迈巴赫制造的意思。

图 3-1-3　迈巴赫 – 齐柏林

图 3-1-4　迈巴赫汽车标志

（3）斯马特汽车及其汽车标志

1994 年，梅赛德斯 – 奔驰汽车公司和世界手表业巨头斯沃琪（Swatch）公司合资成立斯马特微型汽车公司，并合作开发了斯马特微型轿车，于 1998 年 10 月上市。1999 年 11 月 4 日，斯沃琪公司将所持全部股份卖给奔驰公司，斯马特汽车品牌正式成为梅赛德斯 – 奔驰汽车公司的一员。

斯马特汽车标志是斯沃琪（Swatch）、梅赛德斯（Mercedes）、艺术（art）三者的英文缩写，如图 3-1-5 所示。在英语中“Smart”是灵敏、聪慧的意思，这也契合了斯马特汽车的设计理念。

斯马特汽车造型独特、色彩亮丽、创意十足，展现了一种独特的个性风格，如图 3-1-6 所示。

图 3-1-5　斯马特汽车标志

图 3-1-6　斯马特汽车

2. 宝马公司及其汽车品牌和标志

宝马（BMW）公司是“Bayerische Motoren Werke AG”（巴伐利亚发动机制造厂股份有

限公司）在中国的名称，公司创始人是卡尔·拉普和马克斯·弗里茨，总部设在德国慕尼黑。宝马公司是以生产豪华汽车、摩托车和高性能发动机而闻名的公司。1916 年 3 月 7 日，瑞浦发动机公司更名为巴伐利亚飞机公司（BFW），这一时间被视为宝马公司的创始时间；1917 年 7 月 21 日，BFW 公司重组，登记注册为巴伐利亚发动机制造厂股份有限公司，自此宝马这一品牌正式诞生。

宝马公司在 13 个国家设有子公司和生产制造厂，共拥有宝马（BMW）、迷你（MINI）和劳斯莱斯（Rolls-Royce）三个汽车品牌，其中，劳斯莱斯是 1998 年宝马公司用 6 000 万美元由英国购得。

宝马汽车标志的主体是圆形的蓝白图案，如图 3-1-7 所示，其外环象征完美团结，中间蓝白图案象征汽车发动机螺旋桨在蓝天、白云间高速旋转。该蓝白图案同时也是公司所在地巴伐利亚州的州徽。

宝马作为汽车中的一个高端品牌，其产品在设计美学、动感和动力性能、技术含量和整体品质等方面具有丰富的内涵，如图 3-1-8 所示。

图 3-1-7　宝马汽车标志

图 3-1-8　宝马汽车

3. 大众汽车公司及其汽车品牌和标志

1937 年 5 月 28 日，大众汽车有限公司在柏林成立，创始人为费迪南德·波尔舍。1938 年 10 月，大众汽车股份公司（德文名 Volkswagen AG）正式注册，总部设在沃尔夫斯堡。大众汽车公司于 1969 年购买奥迪汽车公司 60% 的股份（现已达到 99%），1991 年接管捷克斯柯达汽车公司，1998 年购买意大利汽车品牌兰博基尼、布加迪和英国劳斯莱斯工厂（生产宾利），2012 年收购保时捷公司。目前，大众汽车公司实际拥有和控股的汽车品牌包括大众、奥迪（Audi）、保时捷（Porsche）、兰博基尼、斯柯达（Skoda）、宾利（Bentley）、布加迪（Bugatti）、西亚特（SEAT）、大众商用车、斯堪尼亚等，是欧洲最大的汽车制造商。

在大众品牌旗下的主要车型包括甲壳虫（Beetle）、帕萨特（Passat）、桑塔纳（Santana）、高尔夫（Golf）、捷达（Jetta）、波罗（Polo）、宝来（Bora）、路波（Lupo）等，图 3-1-9 所示为大众帕萨特汽车。

大众汽车标志是由字母“V”和“W”上下重叠并嵌套在一个圆内，其中“V”代表德文 Volks，意思是人民的；“W”代表德文 Wagen，意思是汽车；二者合在一起便是 Volkswagen（大众汽车），如图 3-1-10 所示。

图 3-1-9　大众帕萨特汽车

图 3-1-10　大众汽车标志

4. 奥迪汽车公司及其汽车品牌和标志

奥迪（Audi）汽车公司是由奥古斯特·霍希（August Horch）一手创立的。1899 年，霍希在德国科隆附近成立了霍希（Horch）公司，但 1909 年霍希离开了该公司并成立了一家新公司，1910 年 4 月 25 日，霍希将新公司命名为奥迪（Audi）汽车公司。

奥迪汽车标志采用四环相连的设计，如图 3-1-11 所示，寓意 20 世纪 30 年代公司成立之初是四家公司的联盟，四兄弟携手并肩、互利合作、奋发向上。

奥迪汽车无论是外观设计、内饰做工，还是动力表现、操控性能，都展现出了极高水准，它融合了高性能、豪华品质和先进技术，给人激情、时尚却又高雅、稳健、略带含蓄的感觉。

目前，奥迪主要生产 A 系列、S 系列和 Q 系列汽车。其中，A 是“Audi”品牌名称的缩写，代表普通轿车车型，常见的有奥迪 A1 ~ A8，如图 3-1-12 所示为奥迪 A8 汽车。S 是

图 3-1-11　奥迪汽车标志

图 3-1-12　奥迪 A8 汽车

“Sport”（运动）的缩写，代表性能车型（运动型），奥迪S系列实际上是A系列的运动版，搭载高性能发动机和运动套件，目前大部分A系列轿车都有S版本，比如，S3、S8等。Q是“Quattro”（四轮驱动）的缩写，代表奥迪的SUV车型，常见的有Q5、Q7等。

5. 保时捷汽车公司及其汽车品牌和标志

保时捷（Porsche）汽车公司的创始人是费迪南德·波尔舍（Ferdinand Porsche），他同时也是大众汽车公司的创始人和甲壳虫汽车的设计者。保时捷汽车公司于1930年12月16日创立，1931年4月25日正式由斯图加特政府登记注册。

保时捷汽车设计经典、特色鲜明、性能优异，无论是经典款式还是最新发布的车型，保时捷都秉承其独特的设计哲学，为全球车迷们打造出完美的汽车艺术品。

保时捷911是世界著名的跑车之一，如图3-1-13所示，自1964年亮相以来共经历了八代车型，其独特的风格与极佳的性能，一直以来都备受赞誉。此外，保时捷品牌旗下还有其他一些经典车型，如博克斯特（Boxster）、卡曼（Cayman）、帕拉梅拉（Panamera）、卡宴（Cayenne）等。

保时捷汽车标志是1953年由费利·保时捷博士设计的，主要由“PORSCHE”字样和“STUTTGART”（斯图加特）盾形市徽构成，如图3-1-14所示。

图3-1-13 保时捷911跑车

图3-1-14 保时捷汽车标志

6. 欧宝汽车公司及其汽车品牌和标志

欧宝（Opel）汽车公司创建于1862年，是以创始人阿德姆·奥贝尔的名字命名的。该公司最初主要生产缝纫机和自行车，1897年才开始生产汽车。1923—1924年，欧宝汽车公司建成了德国第一条流水生产线，长达45 m，从此产量猛增。公司后来因遭遇严重的经济危机，于1929年被美国通用汽车公司收购了80%的股份，现仍属美国通用的子公司，图3-1-15所示为欧宝雅特（Astra）敞篷汽车。

欧宝汽车标志采用“闪电”图案，如图3-1-16所示，其寓意是汽车风驰电掣，同时也暗含欧宝在空气动力学方面取得科研成果的意思。

图 3-1-15　欧宝雅特（Astra）敞篷汽车

图 3-1-16　欧宝汽车标志

二、法国汽车公司及其汽车品牌和标志

1. 标致汽车公司及其汽车品牌和标志

1896 年，创始人阿尔芒 · 标致在蒙贝利亚尔创建了标致汽车公司。1976 年，标致汽车公司与雪铁龙汽车公司组成 PSA 汽车集团（标致雪铁龙集团），成为当时法国最大的汽车厂商。

标致（Peugeot）品牌历史悠久，在法国人心目中有坚韧不拔、品德高尚的涵义。据说，标致汽车公司所在地蒙贝利亚尔的先人们曾到美洲和非洲探险，在那里见到了令人惊叹的狮子后，便将狮子作为家族徽章。于是标致汽车公司就把狮子作为汽车标志。1858 年 11 月 20 日，标致汽车公司完成注册手续，正式将狮形图案作为汽车标志。2010 年，标致汽车公司推出了银色立体的狮形汽车标志方案，如图 3-1-17 所示。2021 年，标致迎来第 11 次换标，如图 3-1-18 所示。

狮形标志突出力量，强调节奏感和时代感，寓意标致汽车像雄狮一样威武、敏捷，永远保持旺盛的生命力。

PEUGEOT
图 3-1-17　早期的标致汽车标志

图 3-1-18　现在的标致汽车标志

2. 雪铁龙汽车公司及其汽车品牌和标志

1912 年，安德烈 · 雪铁龙以自己的姓氏，创建了雪铁龙（CITROEN）齿轮公司，1915 年，公司更名为雪铁龙汽车公司。1934 年，雪铁龙汽车公司生产出法国第一辆前轮驱动的

汽车，并且是法国最早采用流水线生产汽车的公司。1976 年，雪铁龙汽车公司与标致汽车公司共同组成 PSA 汽车集团。

雪铁龙汽车公司执着于前卫的设计理念和实用的造车技术，旗下各车型如同引领世界风尚的法国巴黎时装一样，令人赏心悦目，是最能凝聚法国特色的汽车公司代表之一。

为了纪念发明了“人”字形齿轮传动系统的雪铁龙创始人安德烈·雪铁龙，双“人”字造型始终是雪铁龙品牌的永恒主题，如图 3–1–19 所示。

2009 年 2 月，雪铁龙修改了品牌标志，仍以双“人”字造型为基础，但整体比过去更富有金属色泽，轮廓更立体圆润，极富时尚、现代气息。图 3–1–20 所示就是采用修改后的品牌标志设计的雪铁龙凡尔赛 C5 X 汽车，它的双“人”字形标志与前格栅融为一体。

图 3–1–19　早期的雪铁龙汽车标志

图 3–1–20　雪铁龙凡尔赛 C5 X 汽车

2022 年，雪铁龙公司再次发布全新汽车标志，尽管与过去相比变化较大，但双“人”字造型仍是其设计主题，如图 3–1–21 所示。

图 3–1–21　2022 年雪铁龙发布的全新汽车标志

3. 雷诺汽车公司及其汽车品牌和标志

1898 年 10 月，路易·雷诺在比扬古创立了雷诺工厂，后改组为雷诺股份有限公司。雷诺（Renault）是法国第二大汽车公司，主要生产轿车、公务用车以及运动型汽车等。雷诺汽车是出口德国最多的汽车之一，它的质量及可靠性被认为是一流的。1999 年 3 月 27 日，雷诺公司与日产公司签署协议，成为日产最大的股东；同年，雷诺还收购了陷入财政危机的韩国三星汽车公司。

目前，雷诺汽车公司旗下的汽车品牌主要有雷诺、日产、英菲尼迪、三星、达契亚、阿尔洛等。

雷诺汽车标志经过多年演变，已将钻石造型作为标志基础，它由四个平行四边形围绕构成一个菱形图案，如图 3-1-22 所示，象征雷诺三兄弟与汽车工业融为一体，预示雷诺能在无限的四维空间中竞争、生存和发展。该标志最初发布于 1992 年，不过在这期间已经进行了四次小幅修改，最近一次是在 2015 年。

2024 年，雷诺旗下所有新车都将使用最新发布的全新标志，全新的雷诺汽车标志采用了扁平化设计，由原来的三维图形变为二维图形，如图 3-1-23 所示，新的雷诺汽车标志类似于 1972 年雷诺启用的四折线版菱形标志。

图 3-1-22　早期的雷诺汽车标志

图 3-1-23　全新的雷诺汽车标志

三、意大利汽车公司及其汽车品牌和标志

1. 菲亚特汽车公司及其汽车品牌和标志

菲亚特（FIAT）汽车公司是世界上第一个微型汽车生产厂商，其前身是意大利都灵汽车制造厂（fabbrica italiana automobili torino，缩写即 FIAT），于 1899 年 7 月创建于意大利都灵市，创始人是乔瓦尼·阿涅利。

经过一个多世纪的发展，菲亚特已成为意大利规模最大的汽车公司，不仅将阿尔法·罗密欧、蓝旗亚、玛莎拉蒂、法拉利等多家意大利汽车公司收入旗下，并且汽车产量也占到意大利汽车总产量的 90% 以上。

菲亚特汽车公司控股的几大意大利汽车品牌，虽然都有着浓厚的意大利历史、文化和传统积淀，但又带有各自鲜明的特点。例如，菲亚特汽车经济实惠、安全可靠，蓝旗亚汽车血统尊贵、风格高雅，阿尔法·罗密欧是现代运动轿车的标志，玛莎拉蒂展现的是意大利汽车的精华，法拉利更是世界跑车中的极品。

菲亚特汽车采用紧凑的楔型造型，线条简洁、优雅精巧、极富动感和活力，处处显现着拉丁民族热情、浪漫、机敏和灵活的风格，如图 3-1-24 所示。

菲亚特汽车标志几经变迁，1899 年，公司刚创立时菲亚特使用的是如图 3-1-25 所示的汽车标志，1901 年又改为如图 3-1-26 所示的汽车标志，之后 100 多年间菲亚特汽车标志经过了十多次修改，期间不乏各种颜色、造型以及月桂花元素的使用，直至 2007 年，菲亚特正式发布了全新汽车标志并一直沿用至今，如图 3-1-27 所示。

图 3-1-24 菲亚特汽车

图 3-1-25 1899 年的菲亚特汽车标志

图 3-1-26 1901 年的菲亚特汽车标志

2. 法拉利汽车公司及其汽车品牌和标志

法拉利（Ferrari）汽车公司是意大利超级跑车和赛车制造企业，创建于 1929 年，创始人是世界赛车冠军、划时代的汽车设计大师恩佐·法拉利，公司总部设在意大利摩德纳。

图 3-1-27 2007 年使用至今的菲亚特汽车标志

早期的法拉利公司主要资助赛车手并赞助相应赛车比赛，1947 年开始独立生产汽车。菲亚特（FIAT）拥有法拉利 90% 的股份，但法拉利却能独立于菲亚特运营。法拉利汽车大部分采用手工制造，因而产量很低，年产量只有 4 000 辆左右。

法拉利汽车标志是一匹黑色的“跃马”，如图 3-1-28 所示，这匹跃马被置于意大利国徽背景之下，象征国家荣耀。马的下方是“法拉利车队”的意大利文缩写“SF”。车标底色为黄色，代表恩佐·法拉利的家乡——摩德纳，同时也象征财富和吉祥。车标整体设计简洁而富有力量感，不仅代表了法拉利品牌对速度和运动精神的追求，同时也体现了创始人恩佐·法拉利对赛车运动的热爱和对家乡的深厚情感。

3. 阿尔法·罗密欧汽车公司及其汽车品牌和标志

图 3-1-28　法拉利汽车标志

阿尔法·罗密欧（Alfa Romeo）汽车公司创建于 1910 年，总部设在米兰，原名伦巴第汽车制造厂（anonima lombarda fabbrica automobili，简称 ALFA），1916 年，出身那不勒斯的尼古拉·罗密欧（Nicola Romeo）入主该厂，并将自己的家族姓氏罗密欧（Romeo）融入车厂名称当中，从而成为今日的阿尔法·罗密欧。1986 年 11 月，菲亚特（FIAT）集团将其买下，并于 1987 年将公司与蓝旗亚（Lancia）品牌整合。

阿尔法·罗密欧主要生产高性能跑车、赛车以及运动型轿车。车辆均由意大利著名设计师设计，造型优雅、动力强劲、运动感十足，具有浓郁的意大利风情，在世界车坛上一直享有很高的声誉。时至今日，阿尔法·罗密欧已经成为性能、艺术、个性、品位和追求的代名词。图 3-1-29 所示为阿尔法·罗密欧生产的朱丽叶（Giulia）轿车。

图 3-1-29　阿尔法·罗密欧生产的朱丽叶（Giulia）轿车

阿尔法·罗密欧汽车标志是著名的“吃人龙形蛇”图案，如图 3-1-30 所示。1910 年，阿尔法·罗密欧的创立者根据米兰市的两个传奇故事创造了一个徽标：红色的十字是米兰城盾形徽章的一部分，用来纪念古代东征的十字军骑士；吃人的龙形蛇来自当地一个古老的家族——维斯康泰家族（visconti）的家徽，象征着中世纪米兰领主维斯康泰公爵的祖先击退使城市人民遭受苦难的“龙蛇”的传说。

图 3-1-30　阿尔法·罗密欧汽车标志

在此之后的 100 多年里，阿尔法·罗密欧的汽车标志也在不断发生着细微变化，包括后来加入的“ALFA ROMEO”（阿尔法·罗密欧）和“MILAND”（米兰）字样以及间隔花纹。最近一次变化发生在 1971 年，龙形蛇变得简洁抽象，标志风格更加现代化，阿尔法与罗密欧之间的连字符被取消，特别是“MILAND”字样不见了。

4. 兰博基尼汽车公司及其汽车品牌和标志

兰博基尼（Lamborghini）汽车品牌的创始人是弗鲁西欧·兰博基尼。1963 年，兰博基尼汽车公司在摩德纳郊区建立。1987 年，兰博基尼被美国克莱斯勒公司买下，几经转手最终成为大众旗下品牌。

兰博基尼主要生产跑车，创立之初就把一流的技术、前卫的造型作为开发研制超级跑车的不变宗旨，在技术上精益求精，在造型上出神入化。1963 年，公司生产出第一辆 350GT 跑车，样车在 1964 年的汽车博览会上展出，一个传奇般的汽车品牌就此诞生。

兰博基尼跑车采用楔型造型设计，车身很低，充满张力，如图 3–1–31 所示。用咄咄逼人、一往无前、热血奔放这样的词来形容兰博基尼的卓越非凡是再贴切不过了。

兰博基尼汽车标志是一头浑身充满力量、正向对手发起进攻的斗牛，如图 3–1–32 所示。这个标志体现了创始人兰博基尼不甘示弱的个性，寓意公司生产的跑车功率大、速度快、战无不胜，这与兰博基尼大功率、高速度的超级跑车属性正好吻合。

图 3–1–31　兰博基尼跑车

图 3–1–32　兰博基尼汽车标志

四、英国汽车公司及其汽车品牌和标志

1. 劳斯莱斯汽车公司及其汽车品牌和标志

劳斯莱斯（Rolls–Royce），又称罗尔斯–罗伊斯，英国豪华汽车品牌，1906 年成立，创始人为弗雷德里克·亨利·罗伊斯（Frederick Henry Royce）和查尔斯·斯蒂华特·罗尔斯（Charles Stewart Rolls）。1997 年 7 月 3 日，英国维克斯集团以 14.4 亿马克将劳斯莱斯品牌卖给了大众汽车公司，大众随后于 1998 年宣布转让劳斯莱斯给宝马，2003 年劳斯莱斯汽车公司归入宝马集团。

劳斯莱斯以“贵族化”的造车理念享誉全球，年产量只有几千辆，其品牌定位是极尽奢华，彰显地位和身份。

劳斯莱斯幻影系列（Phantom Family）是劳斯莱斯汽车的旗舰产品，一直都是劳斯莱斯车型中的耀眼明珠。第一代幻影于 1925 年推出，至今已历经了八代产品，而历史上的每一代劳斯莱斯幻影车型，无不被世人誉为“世上最好的汽车”，如图 3–1–33 所示。

图 3–1–33　劳斯莱斯幻影汽车

劳斯莱斯汽车标志如图 3–1–34 所示。标志中的两个“R”是创始人罗尔斯和罗易斯二人姓氏的首字母，两个“R”叠合在一起，象征两人紧密合作、相互支持、团结奋进。劳斯莱斯还有一个著名的“飞天女神”标志，如图 3–1–35 所示，这个标志源于罗尔斯好友蒙塔古和埃莉诺·桑顿的一段凄美爱情故事，设计者是英国画家兼雕刻家查尔斯·赛克斯。1911 年，“飞天女神”标志正式成为劳斯莱斯的汽车标志，只要见到飞翔的女天使，人们便会想到豪华的劳斯莱斯轿车。

图 3–1–34　劳斯莱斯汽车标志

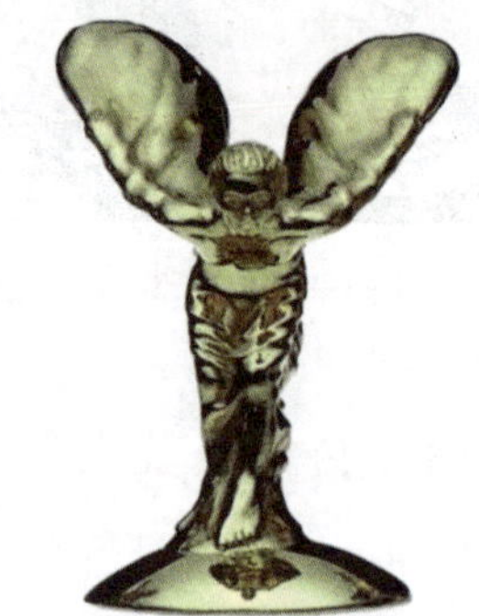

图 3–1–35　“飞天女神”标志

2. 宾利汽车公司及其汽车品牌和标志

沃尔特·宾利于 1920 年创建了宾利（Bentley）汽车公司，并开始设计制造他梦寐以求的运动型汽车。1931 年，宾利汽车公司被劳斯莱斯汽车公司收购。

宾利汽车以其特有的性能和表现树立了自己的品牌形象，并一直延续至今。宾利汽车的绝妙之处是大扭矩、低转速，以及豪华和简洁流畅的设计，如图 3–1–36 所示。除了与劳斯莱斯一样具有巧夺天工的造车工艺和完美无瑕的质量品质外，宾利还具有优良的赛车传统，其出类拔萃的性能表现、精练而雷霆万钧的发动机动力，给驾驶者带来了英式豪华汽车无与伦比的驾驶乐趣。

图 3-1-36　宾利汽车

目前，宾利汽车主要产自英国的克鲁郡，由经验丰富的工匠以手工装嵌，其中绝大部分工匠都有超过 30 年的工作经验，造车技术代代相传，千锤百炼。宾利汽车从车身颜色、车厢木饰到座椅皮革、脚下地毯，均可应不同客户的需求而量身定制，真正满足客户的个性化需求，尽显个人风格与品位。宾利汽车有“皇家运动员”的美称。宾利汽车标志如图 3-1-37 所示，该标志以宾利汽车的首字母“B”为主体，生出一对翅膀，仿佛是凌空翱翔的雄鹰。

图 3-1-37　宾利汽车标志

3. 路虎汽车公司及其汽车品牌和标志

路虎（Land Rover）汽车公司的第一款汽车是 1947 年由斯宾塞（Spencer）和莫里斯・维尔克斯（Maurice Wilks）两兄弟在英国制造的，并于 1948 年在荷兰的阿姆斯特丹首次发布。1970 年，经典的路虎揽胜（Range Rover）车型首次亮相，受到车迷喜爱，并登上了四驱车之王的宝座，开辟了豪华越野汽车全新的市场空间。2000 年，福特公司从宝马公司购得路虎品牌。2008 年，印度塔塔集团收购福特旗下捷豹（Jaguar）和路虎两大品牌，成立捷豹路虎（JLR）公司。

路虎汽车以四驱车闻名，在四驱车领域，路虎不仅拥有先进的核心技术，而且是举世公认的权威四驱车革新者。路虎的经典车型有揽胜（Range）、卫士（Defender）、神行者

（Freelander）和发现（Discovery）等。2023 年 4 月，捷豹路虎（JLR）公司推出全新家族品牌策略，弃用路虎（Land Rover）品牌，将原路虎旗下的揽胜（Range）、卫士（Defender）、发现（Discovery）升级为独立品牌，与捷豹（Jaguar）并列，共同组成捷豹路虎未来的四大品牌，图 3–1–38 所示为路虎揽胜汽车。

路虎汽车标志如图 3–1–39 所示，绿色的椭圆形中间上下排列着大写的字母“LAND ROVER”。

图 3–1–38　路虎揽胜汽车

图 3–1–39　路虎汽车标志

4. 捷豹汽车公司及其汽车品牌和标志

捷豹（Jaguar）汽车公司的创始人是威廉·里昂斯，它在 1922 年以制造摩托车的挂边车起家，当时公司名为 Swallow Sidecar Company（燕子边车公司），1931 年公司开始转型生产汽车（简称 SS 汽车公司）。

捷豹汽车的名称可追溯到 1937 年。这年 6 月，SS 汽车公司正式接收了日光汽车公司。当时，里昂斯希望把公司和生产的汽车命名为“日光”，因为日光汽车曾多次在世界赛事中取得冠军。但由于公司内部出现问题，里昂斯最终只能放弃了使用日光的想法。里昂斯最后挑选了一个在各种语言发音中都很清脆的名字——Jaguar，它源于第一次世界大战中一种飞行器的名字。

捷豹汽车自创立以来，始终致力于为用户提供优雅迷人而又动感激情的汽车，在不同历史时期，捷豹涌现出了许多经典车型。从连续多年登顶勒芒赛场的捷豹 D–Type 到被纽约现代艺术博物馆列为永久珍藏品的 E–Type，从被称为最美观汽车的 XJ13 到十年畅销的捷豹 XK8，再到全新捷豹 XJ，捷豹汽车在全球车迷心中树立了高贵典雅的英国绅士形象。1989 年，捷豹被美国福特汽车公司并购，2008 年，捷豹又被售予印度塔塔汽车公司。图 3–1–40 所示为捷豹 F–Type 汽车。

捷豹有两种汽车标志，分别是豹头立标和跃豹立标，既代表了公司名称，又表现出向前奔驰的力量与速度，如图 3–1–41 所示。

图 3-1-40　捷豹 F-Type 汽车

a)　　　　b)

图 3-1-41　捷豹汽车标志
a）豹头立标　b）跃豹立标

五、欧洲其他国家知名汽车公司及其汽车品牌和标志

1. 沃尔沃汽车公司及其汽车品牌和标志

沃尔沃（Volvo）汽车公司创立于 1927 年，总部设在瑞典哥德堡。自创立以来始终把汽车质量、安全和环保放在首位，并一直将这三个要素贯穿于汽车的设计、开发和制造全过程。特别是在安全方面，沃尔沃发明了安全底盘、三点式紧缩安全带和侧撞防护等，成为全球汽车产品的标准配置，沃尔沃因此成为消费者心目中最安全的汽车。1999 年，福特汽车公司收购沃尔沃轿车业务。2010 年，中国吉利控股集团从福特手中购得沃尔沃轿车业务，并获得沃尔沃轿车品牌所有权。

沃尔沃汽车的代表车型有轿车系列 S40、S70、S80、S90，旅行车系列 V40、V70、V90 和 SUV 系列 XC60、XC90，图 3-1-42 所示为沃尔沃 S90 汽车。

沃尔沃汽车标志如图 3-1-43 所示。沃尔沃在 1927 年成功制造出第一辆汽车后，就将公司名称作为其汽车标志的核心内容，这一做法在其近百年的发展历史中，始终未变，沿用至今，成为沃尔沃汽车与众不同的醒目标志。

图 3-1-42　沃尔沃 S90 汽车

图 3-1-43　沃尔沃汽车标志

2. 斯柯达汽车公司及其汽车品牌和标志

斯柯达（Skoda）汽车公司总部位于捷克姆拉达博莱斯拉夫，是世界上历史最悠久的汽车生产商之一。斯柯达汽车制造厂建于 1894 年，当时只是商人克来门特和机械师劳林合办的一家自行车厂。1905 年，斯柯达汽车制造厂制造出第一辆汽车。1925 年，该厂与皮尔森的斯柯达工厂合并，更名为斯柯达汽车公司。1991 年，斯柯达成为大众集团旗下品牌。

斯柯达汽车标志如图 3-1-44 所示，其巨大的圆环寓意斯柯达是全世界无可挑剔的产品，鸟翼象征技术进步和行销世界，向右飞行的箭头象征先进的工艺。关于斯柯达汽车标志的由来还有一个传说，据说，该厂的经理从美洲带回一名印第安仆人，此人很勤快，脸谱也很美，所以就选用了他的脸谱作为车标，即现在的斯柯达箭形车标。

图 3-1-44　斯柯达汽车标志

思考题

1. 对比欧洲各知名汽车品牌的特点和风格，简单描述其车标的含义。
2. 你最喜欢的欧洲汽车品牌是什么？举例说出其代表车型。

第二节　美国知名汽车公司及其汽车品牌和标志

学习目标

1. 了解美国知名汽车公司的发展史。
2. 熟悉美国知名汽车品牌及其汽车标志。

美国汽车工业主要由通用、福特、克莱斯勒三大汽车公司所占据。美国汽车的特点是宽敞舒适、豪华气派，油耗大、动力强。美国汽车工业起步早，曾经是世界汽车业的巅峰，但如今，它正面临一场前所未有的挑战。

一、通用汽车公司及其汽车品牌和标志

通用汽车公司（GM）的前身是戴维·别克（见图 3–2–1）1903 年创办的别克汽车公司。1908 年 9 月 16 日，美国最大的马车制造商威廉姆·C. 杜兰特买下别克（Buick）汽车公司，创建了美国通用汽车公司，其标志 GM 取自其公司英文名称 General Motors Corporation 前两个单词的第一个字母，如图 3–2–2 所示。通用汽车公司先后联合或兼并了别克、凯迪拉克、雪佛兰、奥兹莫比尔、庞蒂克、克尔维特、悍马等公司，并拥有铃木（Suzuki）汽车 3% 的股份。

图 3–2–1　戴维·别克

图 3–2–2　通用汽车公司标志

自 1927 年以来，通用汽车公司一直是全世界最大的汽车公司，但在 2009 年 6 月 1 日，通用汽车公司申请破产保护。2009 年 7 月 10 日，新通用汽车有限公司成立，结束破产保护。目前，新通用汽车公司由美国联邦政府注资持有其 60.8% 的股权。新通用汽车公司继续使用 GM 标志，并只保留雪佛兰、凯迪拉克、别克和 GMC 四个核心汽车品牌。

通用汽车公司总部位于美国密歇根州的汽车城底特律。通用汽车公司是美国最早实行股份制和专家集团管理的特大型企业之一。

1. 别克汽车及其汽车标志

1903 年 5 月 19 日，戴维·别克在布里斯科史弟的帮助下创建了别克（Buick）汽车公司。别克汽车标志如图 3–2–3 所示，标志中形似“三颗子弹”的图案，从左到右分别为红、白、蓝，并依次按不同高度位置排列，给人一种积极进取、不断攀登的感觉。

图 3–2–3　别克汽车标志

2. 雪佛兰汽车及其汽车标志

1909 年，通用汽车公司的创始人威廉姆 · C. 杜兰特邀请声誉卓著的瑞士赛车手兼工程师路易斯 · 雪佛兰（Louis Chevrolet）帮助他设计一款面向大众的汽车，并用雪佛兰（Chevrolet）为这款汽车命名。1911 年 11 月 3 日，雪佛兰汽车公司成立。

雪佛兰的品牌定位是大众化，自 1912 年推出第一辆汽车以来，雪佛兰汽车已传承了上百年，是通用汽车公司全球销量最大的汽车品牌，至今已累计销售超过 1 亿辆汽车，覆盖 70 多个国家，曾创下每 40 秒销售一部新车的纪录。雪佛兰汽车车型广泛，从小型轿车到大型轿车，从厢式汽车到大型皮卡，甚至越野车和跑车，只要是消费者需要的车型，都可以在雪佛兰中找到，图 3–2–4 所示为雪佛兰探界者 SUV。

雪佛兰汽车标志是抽象化的蝴蝶领结，如图 3–2–5 所示，象征雪佛兰汽车的大方、气派和风度。

图 3–2–4　雪佛兰探界者 SUV

图 3–2–5　雪佛兰汽车标志

3. 凯迪拉克汽车及其汽车标志

凯迪拉克（Cadillac）汽车公司的创始人亨利 · 利兰（Henry Martyn Leland）是英格兰的一名制造商。1902 年，底特律汽车公司重组并更名为凯迪拉克汽车公司，取“凯迪拉克”之名是为了向法国探险家安东尼 · 门斯 · 凯迪拉克致意，因为他在 1701 年建立了底特律城。1909 年，凯迪拉克汽车公司加入通用汽车公司。

一百多年来，凯迪拉克在汽车行业缔造了无数的第一并建立了豪华汽车行业标准，被一向追求极致和尊贵的伦敦皇家汽车俱乐部冠以“世界标准”的美誉。凯迪拉克汽车融汇了百年历史精华和一代代设计师的智慧，成为汽车工业的领导性品牌，它代表着通用汽车公司豪华轿车的最高品质和形象，也是美国最豪华汽车的标志，图 3–2–6 所示为凯迪拉克 CTS 车型。

凯迪拉克汽车标志如图 3–2–7 所示，色彩明快，轮廓鲜明，整体以铂金为底，花冠保留了原有色彩组合，金黄与纯黑相映象征智慧与财富，盾牌象征凯迪拉克军队英勇善战，整个标志彰显了凯迪拉克汽车的高贵、豪华、气派与潇洒。

图 3-2-6 凯迪拉克 CTS 车型

图 3-2-7 凯迪拉克汽车标志

4. GMC 及其汽车标志

GMC（吉姆西）于 1943 年由拉彼德汽车公司、里莱恩斯汽车公司、耶洛载货汽车和大客车公司等多家公司合并创建，是通用汽车公司旗下商务用车品牌，其主要车型有萨瓦纳（Savana）、育空河（Yukon）、西拉（Sierra）等，图 3-2-8 所示为萨瓦纳（Savana）商务之星。

GMC 汽车标志由一组特别设计的"GMC"英文字母组成，这组字母采用时尚的红色字体书写，每个字母的周边都采用具有金属质感的轮廓包裹，看上去比较宽大，如图 3-2-9 所示。

图 3-2-8 萨瓦纳（Savana）商务之星

图 3-2-9 GMC 汽车标志

二、福特汽车公司及其汽车品牌和标志

福特（Ford）汽车公司由亨利·福特于 1903 年在美国底特律市创办。1908 年，福特汽车公司生产出世界上第一辆属于普通百姓的 T 型汽车，世界汽车工业革命就此开始。

福特汽车公司是世界第一大卡车制造商和第二大汽车生产商，它曾拥有世界著名的八大汽车品牌：福特（Ford）、林肯（Lincoln）、水星（Mercury）、马自达（Mazda）、沃尔沃（Volvo）、阿斯顿·马丁（Aston Martin）、路虎（Land Rover）和捷豹（Jaguar）。目前，只剩福特和林肯。

1. 福特汽车及其汽车标志

福特品牌是福特汽车公司的第一家族成员，目前在小型客车市场主要销售的车型有轿车、运动型轿车、SUV、MPV 和轻型客车等，图 3-2-10 所示为福特蒙迪欧轿车。

福特汽车标志是蓝底白字的“Ford”字样，如图 3-2-11 所示。其中“Ford”被设计成像一只活泼可爱、充满活力的小白兔，据说是因为福特汽车创始人亨利·福特对小动物特别钟爱，同时也象征福特汽车在世界各地奔驰、令人爱不释手。

图 3-2-10　福特蒙迪欧轿车

图 3-2-11　福特汽车标志

2. 林肯汽车及其汽车标志

林肯（Lincoln）汽车公司于 1907 年由亨利·利兰创立，1922 年被福特汽车公司收购并由此进入豪华汽车市场。林肯汽车是以美国第 16 任总统林肯的名字命名的。林肯汽车品牌旗下的著名车型有 MKC、MKZ、大陆（Continental）、马克八世（Mark Ⅷ）、城市（TownCar）和领航员（Navigator）等，其中有的已停产，有的已换代升级，图 3-2-12 所示为林肯 MKC 汽车。

林肯汽车标志如图 3-2-13 所示，长方形围绕的十字星象征着尊严和庄重。由于林肯汽车杰出的性能、高雅的造型和舒适的内饰，1939 年以来一直被美国白宫作为总统专用座驾。

图 3-2-12　林肯 MKC 汽车

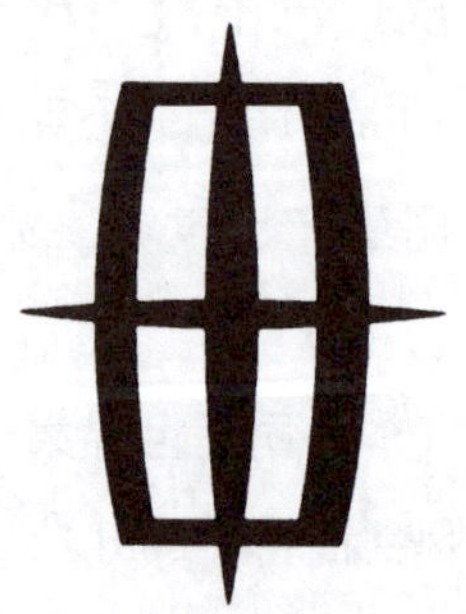

图 3-2-13　林肯汽车标志

3. 水星汽车及其汽车标志

水星（Mercury）品牌是福特汽车公司唯一的自创品牌，其汽车标志如图 3-2-14 所示。1935 年，水星汽车进军中档轿车市场，1938 年 10 月，正式推出水星汽车。水星一直是创新和富于个性的美国汽车的代表，但 2010 年 6 月 3 日，由于市场需求不断减小，福特汽车公司正式对外宣布，停止生产水星品牌汽车。

图 3-2-14 水星汽车标志

三、克莱斯勒汽车公司及其汽车品牌和标志

克莱斯勒（Chrysler）汽车公司是美国第三大汽车制造企业，总部设在密歇根州海兰德帕克。1925 年，沃尔特 · P. 克莱斯勒脱离通用汽车公司，自行创建克莱斯勒汽车公司，同年该公司买下马克斯韦尔汽车公司，1928 年又买下道奇兄弟汽车公司。克莱斯勒于 1998 年被德国戴姆勒集团以 330 亿美元价格收购，成立戴姆勒 – 克莱斯勒汽车公司。2007 年 8 月，泽普世（Cerberus）资本管理公司完成了对克莱斯勒汽车公司的收购，以 74 亿美元价格从戴姆勒 – 克莱斯勒集团购买了克莱斯勒 80.1% 的股权。克莱斯勒汽车公司主要生产克莱斯勒、道奇、Jeep 等品牌汽车。

1. 克莱斯勒汽车及其汽车标志

克莱斯勒汽车以创新意识、杰出工艺、设计新颖而闻名于世。其诱人的浪漫情调、以人为本的精心设计、极富表现力的外观、细致入微的功能特性和杰出的运动性能，使克莱斯勒品牌赢得了业界美誉和汽车爱好者的关注与喜爱。

克莱斯勒 300C 是克莱斯勒的经典车型，如图 3-2-15 所示，该车型于 1957 年推出至今已有近 70 年的历史，2023 年 12 月 31 日克莱斯勒 300C 正式停产。

克莱斯勒汽车标志如图 3-2-16 所示，该标志由雄鹰展翅和一个花形图案组成，花形图案中有“CHRYSLER”字样，金色的徽章代表质量，圆圈代表车轮，闪电代表活力。

图 3-2-15 克莱斯勒 300C 车型

图 3-2-16 克莱斯勒汽车标志

2. 道奇汽车及其汽车标志

道奇兄弟于 1913 年创立了道奇（Dodge）汽车公司，1928 年被克莱斯勒公司收购。道奇是克莱斯勒集团旗下的三大汽车品牌之一，是美国的第五大汽车品牌。道奇的汽车产品包括一系列的轿车、卡车、轻型商用车和运动型多用途汽车（SUV），主要车型有道奇 Caliber、道奇 Viper、道奇 Magnum、道奇 Ram、道奇 Caravan 和道奇 Charger 等，图 3-2-17 所示为道奇 Ram 汽车。

道奇汽车标志如图 3-2-18 所示，在一个五边形中嵌入羊头，象征着道奇汽车的强壮有力、朴实无华和美观大方。

图 3-2-17 道奇 Ram 汽车

图 3-2-18 道奇汽车标志

3. Jeep 汽车及其汽车标志

1940 年，美国威利斯汽车公司创建了著名的 Jeep（吉普）汽车品牌。几经变迁，Jeep 品牌最终被保留了下来，并成为克莱斯勒汽车公司的重要品牌之一。

目前，大家习惯将小型越野汽车统称为“吉普”，但严格来说，除了美国克莱斯勒及其授权生产的小型越野汽车可以称之为“吉普”外，其他厂家生产的类似车型均不能称之为“吉普”，应归属于越野汽车（Off-Road Vehicle），图 3-2-19 所示为 Jeep 的经典车型“牧马人”。

Jeep 汽车标志如图 3-2-20 所示。关于 Jeep 名称的由来有两种说法：一种说法是源于 19 世纪 30 年代一部连环漫画中，名为尤金尼吉普（Eugene the Jeep）的动物；另一种说法则是源于美国军队侦察汽车（General Purpose Willys）前两个英文单词的首字母 GP 的发音。

四、特斯拉汽车公司及其汽车标志

特斯拉（Tesla）汽车公司是美国的一家电动汽车及能源公司，于 2003 年 7 月 1 日由马丁·艾伯哈德（Martin Eberhard）和马克·塔彭宁（Marc Tarpenning）共同创立，总部设在美国加州的硅谷地带。创始人将公司命名为“特斯拉汽车”，是为了纪念物理学家尼

图 3-2-19　Jeep“牧马人”

图 3-2-20　Jeep 汽车标志

古拉·特斯拉。目前，特斯拉生产的电动汽车车型包括 Tesla Roadster、Tesla Model S、Tesla Model X，图 3-2-21 所示为 Tesla Model 3 车型。特斯拉汽车公司是世界上第一个采用锂离子电池作为汽车动力源的电动汽车公司，其推出的首款电动汽车为 Roadster。

特斯拉汽车标志是由公司名称“Tesla”的首字母“T”变形而来，如图 3-2-22 所示。“T”代表两个含义，一是纪念物理学家特斯拉（Tesla），二是象征公司产品电动机马达的横截面。

图 3-2-21　Tesla Model 3 车型

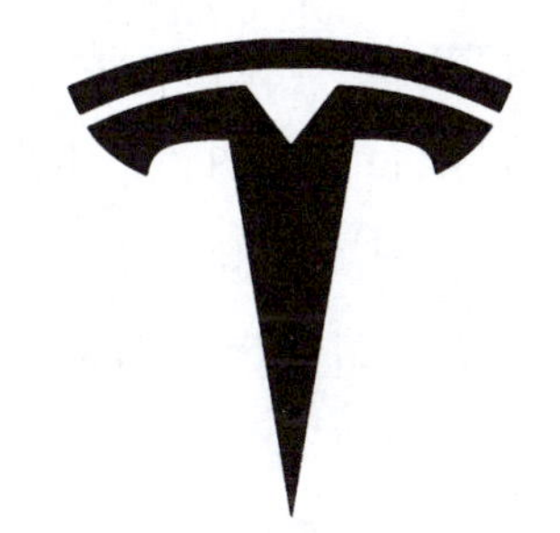
图 3-2-22　特斯拉汽车标志

思考题

1. 对比美国各知名汽车品牌的特点和风格，简单描述其车标的含义。
2. 你最喜欢的美国汽车品牌是什么？举例说出其代表车型。

第三节　亚洲知名汽车公司及其汽车品牌和标志

学习目标

1. 了解亚洲知名汽车公司的发展史。
2. 熟悉亚洲知名汽车品牌及其汽车标志。

亚洲国家的汽车工业相较于欧美等老牌汽车国家而言要年轻得多。日本汽车兼收并蓄、追求完美、用料精细、轻巧省油；韩国汽车朴素实用、物美价廉；中国汽车工业起步虽晚，但后发先至，2009 年产销量已居全球第一，成为全球最大汽车市场，新能源汽车产业保持高速发展，产销量连续八年全球第一。

一、日本汽车公司及其汽车品牌和标志

1. 丰田汽车公司及其汽车品牌和标志

丰田（Toyota）汽车公司是日本最大的汽车公司，由丰田喜一郎创立于 1933 年，总部设在日本爱知县丰田市和东京都文京区。1937 年，丰田汽车工业株式会社（股份公司）成立。1938 年 11 月 3 日，丰田汽车总厂举行隆重的开工典礼，后来公司把这一天作为正式创立的纪念日。2008 年，丰田开始逐渐取代通用成为全球第一大汽车生产商，其旗下主要汽车品牌包括雷克萨斯（Lexus）、丰田（Toyota）、塞恩（Scion）、大发（Daihatsu）、日野（Hino）等。

（1）丰田汽车及其汽车标志

1936 年 6 月，丰田自行设计生产了第一款轿车。丰田汽车秉承创始人实用之上追求完美的价值理念，汽车配置齐全、做工考究、操作舒适，价格上极具竞争力，图 3–3–1 所示为 2023 款丰田凯美瑞汽车。

丰田汽车标志由三个椭圆相交组合而成，如图 3–3–2 所示。该标志从 1990 年开始使用，标志最外层的大椭圆代表地球，中间垂直的两个小椭圆寓意公司立足未来，对未来充满雄心壮志。

（2）丰田皇冠汽车及其汽车标志

皇冠（Crown）是丰田汽车公司生产的一款外形美观、线条流畅、性能优越的中级轿车，该车型于 1955 年 1 月问世，并畅销世界各地，图 3–3–3 所示为 2023 款丰田皇冠汽车。皇冠汽车标志如图 3–3–4 所示，寓意日本国产汽车的王者。

图 3-3-1　2023 款丰田凯美瑞汽车

图 3-3-2　丰田汽车标志

图 3-3-3　2023 款丰田皇冠汽车

图 3-3-4　皇冠汽车标志

（3）雷克萨斯汽车及其汽车标志

1983 年，日本丰田汽车公司成立了专门在国外销售豪华轿车的分部雷克萨斯（Lexus，也称“凌志”）。

1989 年，日本丰田汽车公司推出了 LS400 和 ES250 两款豪华轿车，第一年便销售了 6 万多辆，并在 1991 年成为豪华轿车中的重要一员，图 3-3-5 所示为雷克萨斯 LS500 汽车。

雷克萨斯汽车标志是在一个椭圆内镶嵌英文“LEXUS”的第一个字母“L”，如图 3-3-6 所示。

图 3-3-5　雷克萨斯 LS500 汽车

图 3-3-6　雷克萨斯汽车标志

（4）塞恩汽车及其汽车标志

2002 年，丰田汽车公司在纽约车展新闻发布会上发布了新品牌——塞恩（Scion），这是丰田拥有的第三个汽车品牌，丰田赋予塞恩汽车全新的品牌生命——时尚、多功能、惊奇。2003 年 6 月，首批塞恩汽车在美国上市，图 3-3-7 所示为塞恩 2015 年在美国上市的 iA 型汽车。

塞恩汽车只在美国市场发售，目前已全部停产。塞恩汽车标志如图 3-3-8 所示。

图 3-3-7　塞恩 iA 型汽车

图 3-3-8　塞恩汽车标志

2. 本田汽车公司及其汽车品牌和标志

本田（Honda）汽车公司是由本田宗一郎于 1948 年创建的本田摩托车公司发展而来的。公司一直以“梦想”为原动力，造就产品风格。

2006 年，本田汽车品牌共产销汽车 370 万辆，位居世界第六。本田主要有两大汽车品牌，本田（Honda）和讴歌（Acura）。

（1）本田汽车及其汽车标志

1962 年，本田汽车公司首次在日本汽车展览会上展出了 T360 微型汽车和 S360 轿车，从此由称雄世界的摩托车产业扩展到了汽车行业，其代表车型本田雅阁如图 3-3-9 所示。

本田宗一郎用自己的姓氏作为公司名称和汽车标志，本田汽车标志取用的是本田“HONDA”的第一个字母“H”，如图 3-3-10 所示。

图 3-3-9　本田雅阁

图 3-3-10　本田汽车标志

（2）讴歌汽车及其汽车标志

讴歌（Acura）是本田汽车公司旗下的豪华汽车品牌，诞生于1986年3月，有独立的汽车标志。讴歌集创新技术、顶级性能、时尚设计和豪华装备于一身，是大众心目中的豪华车型。

讴歌在北美获得巨大成功后，于2006年9月进入中国市场。讴歌自研发设计环节便十分注重汽车的驾乘乐趣，强调运动豪华的品牌价值，精心打造完美汽车，图3-3-11所示为讴歌RDX车型。

讴歌汽车标志是“Acura”第一个英文字母“A”的变形，如图3-3-12所示，变形后的讴歌汽车标志与本田汽车公司的标志“H”有些许相似。“Acura”代表“精确”，寓意讴歌将提供良好性能和坚固耐久的可靠豪华汽车。

图3-3-11 讴歌RDX车型

图3-3-12 讴歌汽车标志

3. 日产汽车公司及其汽车品牌和标志

日产（Nissan）汽车公司是日本第二大汽车制造商（仅次于丰田），也是世界十大汽车公司之一，1933年12月26日，由日本产业公司和户田铸造公司共同建立，时名汽车制造股份公司，总部位于东京。1934年5月30日，在公司举行的第一届定期股东大会上，汽车制造股份公司更名为日产汽车公司。

整个二十世纪七八十年代是日产汽车公司业绩突飞猛进的时期。1999年，日产与雷诺合并。2005年，日产汽车公司生产汽车3 381 278辆，位列世界第七。创立至今，日产汽车公司在全球已累计生产和销售了超过1亿辆汽车。

（1）日产汽车及其汽车标志

1981年，日产汽车统一采用“NISSAN”作为品牌标志，图3-3-13所示为日产著名的GT-R跑车。

动力强劲、操纵灵敏、富有驾驶乐趣是日产汽车的普遍特点。日产开发产品的宗旨是“用先进技术为每一位顾客提供独一无二的汽车”。

日产汽车标志如图3-3-14所示，其寓意为“以人和汽车的明天为目标”。

图 3-3-13　日产 GT-R 跑车

图 3-3-14　日产汽车标志

（2）英菲尼迪汽车及其汽车标志

英菲尼迪（Infiniti）是日产汽车公司 1989 年发布的豪华汽车品牌。随着日产汽车公司“增值计划”的推出，英菲尼迪在全球的推广成为重要战略举措。英菲尼迪是一个将宁静体验、细腻设计和驾乘乐趣相结合的独特品牌，图 3-3-15 所示为英菲尼迪 Q50L 车型。

英菲尼迪椭圆形的汽车标志，象征一条通往巅峰的道路，寓意追求无限美好的前景，如图 3-3-16 所示。

图 3-3-15　英菲尼迪 Q50L 车型

图 3-3-16　英菲尼迪汽车标志

4. 三菱汽车公司及其汽车标志

1870 年 10 月，创始人岩崎弥太郎设立九十九商会。1872 年 1 月，岩崎弥太郎将九十九商会改称为三川商会，次年 3 月又改称为三菱（Mitsubishi）商社，此后三菱名称沿用至今。三菱公司生产汽车的历史悠久，1917 年，三菱造船厂生产出日本第一辆轿车三菱 A，是日本首款量产型汽车，图 3-3-17 所示为三菱代表车型三菱欧蓝德。

1970 年，由三菱汽车株式会社、三菱重工以及美国克莱斯勒汽车公司共同投资的三菱汽车工业株式会社（即三菱重工业公司）正式成立。

三菱汽车以三枚菱形钻石为标志，如图 3-3-18 所示。三菱汽车标志最早源于家族标志，后来逐渐演变成今天的标志。

图 3-3-17　三菱欧蓝德

图 3-3-18　三菱汽车标志

5. 马自达汽车公司及其汽车标志

马自达（Mazda）汽车公司成立于 1920 年，创立之初为东洋软木工业株式会社。1931 年，开始生产轻便的小型三轮货车；1963 年，开始转型生产轿车；1984 年，公司正式更名为马自达汽车公司；1979 年，被福特汽车公司购买 25% 的股份；1996 年，福特汽车公司将所持股份继续扩大到 33.4%，成为马自达最大股东。马自达生产的轿车、跑车和商用汽车畅销日本和欧美地区，并以设计新颖、质量优异著称。马自达品牌的代表车型有昊哥、阿特兹、马自达、睿翼、CX 系列等，图 3-3-19 所示为马自达 CX60 汽车。

马自达汽车标志是由“Mazda”的第一个字母“M”变化而来，如图 3-3-20 所示，寓意马自达的创造力、责任感、理性、灵活性、执着精神和生命力。

图 3-3-19　马自达 CX60 汽车

图 3-3-20　马自达汽车标志

二、韩国汽车公司及其汽车品牌和标志

1. 现代汽车集团及其汽车品牌和标志

现代（Hyundai）汽车集团是由郑周永于 1967 年创建的，是韩国最大的汽车企业，也是全球二十大汽车公司之一。

现代汽车的主要车型产品有凯越、伊兰特、索纳塔、雅绅特、途胜等，图 3-3-21 所示为热销的伊兰特车型。

现代的汽车标志为由椭圆包裹着的斜体字母“H”，如图 3-3-22 所示。该标志椭圆既代表汽车的转向盘，又代表地球，椭圆内的“H”则是现代（Hyundai）英文单词的首字母，两者结合寓意现代汽车遍布世界。

图 3-3-21 现代伊兰特车型

图 3-3-22 现代汽车标志

2. 起亚汽车公司及其汽车品牌和标志

起亚（Kia）汽车公司创建于 1944 年 12 月，是韩国最早生产汽车的企业，1962 年先是生产三轮汽车，1971 年才开始生产四轮汽车。1976 年，起亚汽车公司收购了韩国亚细亚汽车公司。1998 年年底，现代汽车公司出资 8.8 亿美元收购了起亚汽车公司，但起亚仍独立运行。目前，起亚主要销售车型有焕驰、起亚 KXCROSS、福瑞迪、起亚 K 系列等，图 3-3-23 所示为起亚 K5 汽车。

图 3-3-23 起亚 K5 汽车

起亚汽车将“KIA”作为汽车标志，如图 3-3-24 所示。韩语中，“KI”是一个音节，读作“起”，“A”是 Asia（亚洲）的首字母，“KIA”代表着起亚起源于亚洲并将走向世界。2021 年，起亚发布了全新汽车标志，如图 3-3-25 所示，新的标志仍以“KIA”为设计基础，但比过去更为简洁且更像一条连接在一起富有韵律的线条，展示了均衡、律动和向上的理念。

图 3-3-24 早期的起亚汽车标志

图 3-3-25 新的起亚汽车标志

三、中国汽车公司及其汽车品牌和标志

1. 中国第一汽车集团公司及其汽车品牌和标志

中国第一汽车集团公司简称“中国一汽”或“一汽”，总部位于吉林省长春市，其前身是第一汽车制造厂，由毛泽东主席亲自题写厂名。它于 1953 年 7 月 15 日奠基兴建，1956 年 7 月 13 日生产出新中国第一辆解放 CA10 型载货汽车，如图 3–3–26 所示，1958 年制造出第一辆东风牌小轿车和第一辆红旗牌高级轿车，“一汽”的建成开创了中国汽车工业史的新篇章。经过 70 多年的发展，“一汽”已成为国内最大的汽车集团。

图 3–3–26　新中国第一辆解放 CA10 型载货汽车下线

“一汽”经过多年发展建设，目前已拥有解放、红旗、奔腾等自主品牌和大众、奥迪、丰田、马自达等合资品牌。

（1）解放汽车及其汽车标志

解放汽车名称的由来有两种说法，一种是毛泽东主席亲自选定，还有一种是朱德总司令取解放军的“解放”二字。毛泽东主席曾为解放汽车亲笔题写“解放”二字，如图 3–3–27 所示。

解放汽车的汽车标志如图 3–3–28 所示，它将阿拉伯数字“1”和汉字“汽”巧妙布局，构成一只展翅雄鹰的图案，寓意第一汽车集团公司搏击长空、展翅翱翔，解放汽车从 1953 年起一直沿用此标志。

图 3–3–27　毛泽东主席题写的“解放”

图 3–3–28　解放汽车的汽车标志

（2）红旗汽车及其汽车标志

在中国汽车历史上，红旗轿车充满着庄严与神圣。1958 年 8 月，中央希望在新中国成立十周年的庆典上使用中国的国产高级轿车，于是便向“一汽”下达了制造国产高级轿车的任务。“一汽”的工人们以一辆 1955 型的克莱斯勒高级轿车为蓝本，结合中国的民族特色进行改进，手工制成了一辆高级轿车，并命名为“红旗”，红旗轿车从此定型。

1958 年 8 月至 1959 年 5 月，“一汽”设计师又对红旗轿车整车做了 5 次系统性试验，最终红旗轿车的定型样车被正式编号为 CA72，如图 3–3–29 所示。

图 3–3–29　红旗 CA72 型轿车

2016 年，红旗轿车在延续行政专用汽车使命的同时，开始走向市场化。通过自主研发及与世界广泛交流，实现了产品的集中爆发，推出了一系列轿车和 SUV 车型。

2018 年 4 月 25 日，红旗品牌汽车首次独立亮相北京车展，高端的 B 级车红旗 H5 震撼上市。

2020 年 1 月 9 日，红旗 H9 正式发布，并于 2020 年 8 月 23 日上市，如图 3–3–30 所示。

红旗是“一汽”自主品牌，红旗目前使用的汽车标志如图 3–3–31 所示，红旗汽车标志的设计理念来源于迎风飘扬的红旗，象征奋进向上的红旗精神。红旗徽标采用金色与红色搭配，体现中国特色和精致，对开的红旗寓意红旗品牌旗开得胜，并以经纬线条展现万物互联的新时代。

图 3–3–30　红旗 H9

图 3–3–31　红旗汽车标志

2. 东风汽车集团及其汽车品牌和标志

东风汽车集团的前身是始建于1969年的中国第二汽车制造厂（简称“二汽”），总部设在湖北省武汉市。创建之初其建设纲领为三个基本车型、年产10万辆汽车。1970年11月13日，国务院正式将其定名为“第二汽车制造厂”。1992年9月1日，“二汽”更名为东风汽车公司。

近年来，东风汽车集团相继推出了各种自主品牌车型，包括东风天锦、东风天龙、东风大力神等轻重卡车，东风风行、东风风光、东风风神等各类乘用车和东风猛士等各类军车，其中，东风猛士军车在2008年获得国家科技进步奖一等奖，这是我国汽车行业迄今为止的国家最高荣誉，如图3–3–32所示。

此外，东风还生产各种合资品牌汽车，包括东风日产、东风雪铁龙、东风标致、东风本田、东风悦达起亚等。

1982年2月2日，经当时的国家工商行政管理局批准，东风汽车开始使用“风神”汽车标志，如图3–3–33所示。“风神”汽车标志取燕子凌空飞翔时的剪形尾羽作为图案基础，喻示双燕舞东风。它格调新颖，寓意深远，使人自然联想到东风送暖，春光明媚，神州大地生机盎然，给人以启迪，给人以力量。

图3–3–32　东风猛士军车

图3–3–33　东风“风神”汽车标志

2020年7月，东风汽车集团发布全新高端电动汽车品牌“岚图”，其汽车标志如图3–3–34所示。2021年6月，岚图首款性能级智能电动SUV车型“岚图FREE”正式上市，如图3–3–35所示，同年8月启动交付。

3. 上汽集团及其汽车品牌和标志

上汽集团全名上海汽车工业（集团）总公司，是中国三大汽车集团之一，主要从事乘用车、商用车和汽车零部件的生产、销售以及研发等。

上汽集团坚持自主开发与对外合作并举，通过加强与德国大众、美国通用等全球著名汽车公司的战略合作，在推动合资品牌的同时，全力推进自主品牌汽车的研发、生产和销售。其旗下主要汽车品牌有荣威、名爵、上汽大通、五菱、宝骏等。

图 3-3-34 岚图汽车标志

图 3-3-35 岚图 FREE

（1）荣威汽车及其汽车标志

2006 年 10 月 12 日，上汽集团正式对外宣布，其自主汽车品牌定名为“荣威”（Roewe），取意“创新殊荣、威仪四海”。“科技化”是荣威汽车的品牌标签，其口号是“品位科技，知你知行”。荣威品牌推出后，不断扩大产品线，推出了多个车型，包括荣威 550、荣威 950 和荣威 RX5（见图 3-3-36）等。这些车型涵盖了中型轿车、豪华轿车和 SUV 等不同细分市场，为荣威品牌带来了更广泛的市场份额。近年来，荣威品牌开始积极推动新能源和智能化技术发展，推出了多款电动车型，如荣威 Ri 和荣威 Marvel X 等，并且在智能驾驶和互联网汽车领域取得了一定进展。

荣威汽车标志的设计充分体现了经典、高贵的内在气质，突出了中国传统元素和现代构成形式相结合的创作方式。其整体结构为稳定牢固的盾形，寓意产品质量可靠、受人尊敬；红、黑、金三色为中国最经典、最有内涵的色调，红色代表温暖和欢乐，金色代表财富，黑色象征威严与庄重；双狮图案采用直观的艺术手法，展现尊贵、威仪、睿智的强者气度，如图 3-3-37 所示。

（2）五菱汽车及其汽车标志

五菱是柳州五菱汽车有限责任公司的注册商标及品牌。1958 年，中国第一个五年计划

图 3-3-36 荣威 RX5

图 3-3-37 荣威汽车标志

胜利完成，欢欣鼓舞之下，广西为加快机械工业发展，将柳州机械厂进行扩建，在柳江西岸建设柳州动力机械厂，主要生产汽车发动机等动力机械，柳州动力机械厂被广泛认为是五菱汽车的前身。

1982 年，五菱汽车成功研制出第一台“五菱”微型货车 LZ110。2002 年，五菱与上汽、通用合资成立上汽通用五菱。借助上汽、通用的资金和技术，五菱进入高速发展阶段。正是在这个时期，五菱推出了可载入史册的一款车型——五菱之光，如图 3–3–38 所示，这款汽车当年全球销售 94.3 万辆，被《福布斯》誉为地球上最重要的一款车。

五菱汽车标志形似鲲鹏展翅，雄鹰翱翔，有上升、腾举之势，象征五菱事业不断发展。五菱的汽车标志代表五菱的发展理念，赋予了五菱新的活力和思想，让五菱可以有一个更好的发展憧憬，如图 3–3–39 所示。

图 3–3–38　五菱之光

图 3–3–39　五菱汽车标志

（3）宝骏汽车及其汽车标志

2010 年，上汽通用五菱创建了自主汽车品牌“宝骏”。2011 年 8 月 9 日，宝骏首款中级轿车宝骏 630 正式上市，定位为“国际品质新家轿”。宝骏 630 从产品开发设计到零部件选购，从整车生产验证到后续营销渠道，都严格遵循通用汽车的全球标准体系，切实打造消费者值得信赖的“可靠的伙伴”品牌。

自创立以来，宝骏汽车先后推出了中级轿车车型宝骏 630、宝骏 610，SUV 车型宝骏 510、宝骏 530，MPV 车型宝骏 730、宝骏 360，小型轿车车型宝骏 310、宝骏 310W 以及新能源电动车型宝骏 E100、宝骏 E200 等，图 3–3–40 所示为宝骏 730。

宝骏汽车此前一度使用“马首”作为其汽车标志，如图 3–3–41 所示，体现的是与“宝骏”的声形一致，蕴含了“乐观进取、稳健可靠、精明自信”的品牌精神。2023 年 5 月 9 日，宝骏启用全新汽车标志，更加年轻化、简洁化的设计，使宝骏品牌更具辨识度，如图 3–3–42 所示。

图 3-3-40　宝骏 730

图 3-3-41　早期的宝骏汽车标志

图 3-3-42　全新的宝骏汽车标志

4. 长安汽车公司及其汽车品牌和标志

长安汽车公司成立于 20 世纪 80 年代，公司始终坚持自主创新与合资合作并举，先后与福特、铃木、马自达、沃尔沃等国际汽车品牌展开战略合作。

长安汽车先后推出了奔奔、欧尚、悦翔、CS、陆风、长安之星等多款自主品牌车型，并在新能源汽车领域处于行业领先水平，其中销量最好的是长安 CS75PLUS 新能源汽车，如图 3-3-43 所示。

图 3-3-43　长安 CS75PLUS 新能源汽车

2006 年 7 月 12 日，长安集团宣布使用新的汽车标志，新标志采用盾形外观，中间嵌入“V”字造型，如图 3-3-44 所示。该创意来源于抽象的羊角形象，形似直立欲飞的翅膀，象征一种气势和放眼未来的态度。在罗马数字中，“V”代表 5，在中国文化中，5 与五行学说相联系，象征紧密合作和持续的动力。此外，“V”也代表 victory（胜利）和 value（价值），代表长安与用户走向新的成功。

图 3-3-44 长安汽车标志

5. 比亚迪汽车公司及其汽车品牌和标志

2003 年，比亚迪（BYD）集团创立比亚迪汽车公司，标志着这家电池制造企业正式进军汽车市场。2005 年，比亚迪推出了首款汽车——F3，如图 3-3-45 所示。凭借高性价比和节能环保的优势，F3 迅速成为市场热销车型。2008 年，比亚迪成功研制了全球首款双模电动汽车 F3DM，它的推出使得比亚迪成为世界第一家将插电式混合动力汽车投入量产的企业。

图 3-3-45 比亚迪 F3 汽车

随着全球环境问题日益严重，新能源汽车逐渐成为汽车产业的发展趋势。比亚迪凭借其在电池技术方面的优势，成功抓住这一机遇。2015 年，比亚迪推出旗下第一款纯电动汽车 e6，打破了中国纯电汽车续航里程的纪录。此后，比亚迪推出了一系列纯电、插电式混合动力以及燃料电池汽车，为全球新能源汽车市场注入了强大动力。2022 年 11 月，比亚迪首次超越一汽大众，成为中国汽车市场销量冠军；2023 年上半年，比亚迪全球新车销量达到 125 万辆，超过奔驰和宝马，成为唯一进入全球汽车品牌销量排名前十的中国车企，其中，比亚迪宋 PLUS DMi 成为最受欢迎的新能源汽车，如图 3-3-46 所示。

图 3-3-46　比亚迪宋 PLUS DMi 新能源汽车

比亚迪有两种汽车标志，一种是比亚迪“王朝系列”使用的“唐、宋、元、秦、汉”等汉字车标，如图 3-3-47 所示，这类车标极具中国文化气息；另一种则是用英文字母“BYD”设计的英文车标，如图 3-3-48 所示，代表的是比亚迪公司的文化理念“Build Your Dreams”——成就梦想。

图 3-3-47　比亚迪“王朝系列”使用的汉字车标

图 3-3-48　比亚迪英文车标

6. 奇瑞汽车公司及其汽车品牌和标志

奇瑞汽车股份有限公司成立于 1997 年 1 月 8 日，注册资本 41 亿元。公司以打造“国际品牌”为战略发展目标，经过二十多年创新发展，业务已遍布全球 80 多个国家和地区。

1999 年 12 月 18 日，奇瑞第一辆汽车下线。2007 年 8 月 22 日，奇瑞第 100 万辆汽车下线，成为国内最早突破百万销量的汽车自主品牌。2023 年，奇瑞全球用户累计达 1 300 万，并连续 21 年位居中国品牌乘用车出口第一名。

目前，奇瑞投放市场的主要车型包括瑞虎 SUV 系列、艾瑞泽轿车系列、奇瑞风云新能源系列和探索 SUV 系列等，图 3-3-49 所示为瑞虎 9 车型。

奇瑞汽车标志为英文字母“CAC”的艺术变形，期间经过两次演变，如图 3-3-50 所示。“CAC”即英文 Chery Automobile Corporation（奇瑞汽车股份有限公司）的缩写。其中，“A”变形为一个“人”字，预示公司以人为本的经营理念，两个“C”变形环绕，如同人的臂膀，象征团结和力量，整个标志寓意奇瑞发展无穷，潜力无限，追求无限。

图 3-3-49 瑞虎 9 车型

图 3-3-50 奇瑞汽车标志的演变过程

7. 吉利汽车公司及其汽车品牌和标志

吉利汽车公司创立于 1986 年，最初只是一家生产冰箱零部件的小厂。然而，创始人李书福一直怀抱着制造汽车的梦想。1997 年，吉利造出第一辆轿车，标志着吉利正式进军汽车领域。尽管先后遭遇了多方坎坷，但通过不懈努力，吉利最终赢得市场认可。

2002 年，吉利推出了自主研发的首款车型——吉利美人豹，标志着公司开始了自主研发道路。随后，吉利陆续推出了更多自主设计的车型，逐渐提升了产品质量和技术水平。目前，吉利旗下共有吉利汽车、领克汽车、几何汽车、极氪汽车、宝腾汽车、路特斯汽车等 10 余个系列、30 多款整车产品，图 3-3-51 所示为吉利热销的星越 L 车型。

图 3-3-51 吉利星越 L 车型

在发展过程中，吉利汽车标志也经历过多轮变化，如图 3-3-52 所示。目前，吉利汽车的新标志延续了品牌 3.0 时代的六块宝石设计理念，以延展的宇宙为设计源点，展示了吉利汽车从品牌 3.0 时代的蓝天大地，升级为对广袤宇宙的追求。新标志更具质感和科技感，令吉利汽车品牌的形象焕发全新气息，象征着吉利汽车将迈入全新的年轻化、科技化、全球化战略时代。

a）

b）

图 3–3–52　吉利汽车标志
a）旧标志　b）新标志

8. 长城汽车公司及其汽车品牌和标志

长城汽车公司早先为长城汽车制造厂，成立于 1984 年，总部位于河北保定。1990 年，被现任董事长魏建军承包；1998 年，改制为长城汽车有限责任公司；2001 年，进一步改制为长城汽车股份有限公司。

1991—1994 年，长城汽车开始生产轻型客货汽车，连续 4 年产量翻番，企业迅猛发展；1996 年 3 月，长城第一辆皮卡——迪尔（Deer）下线；1998 年，长城皮卡首次位居全国皮卡市场销量第一。

目前，长城汽车公司主要在产汽车产品有皮卡系列、轿车系列、SUV 系列和新能源汽车系列，分为哈弗、魏牌、欧拉、坦克和长城皮卡五大整车品牌，图 3–3–53 和图 3–3–54 所示分别为长城的新哈弗 H5 汽车和欧拉闪电猫新能源汽车。

图 3–3–53　新哈弗 H5 汽车

图 3–3–54　欧拉闪电猫新能源汽车

长城汽车不止一种汽车标志，其不同车系使用的汽车标志各不相同。例如，长城“风骏系列”使用的是图 3-3-55a 所示标志，该标志源于中国著名建筑——长城，其融入了盾形相关元素，寓意坚定；图 3-3-55b 所示为长城“哈弗系列”汽车标志；图 3-3-55c 所示为长城“魏牌系列”汽车标志；图 3-3-55d 所示为长城“欧拉系列”汽车标志。

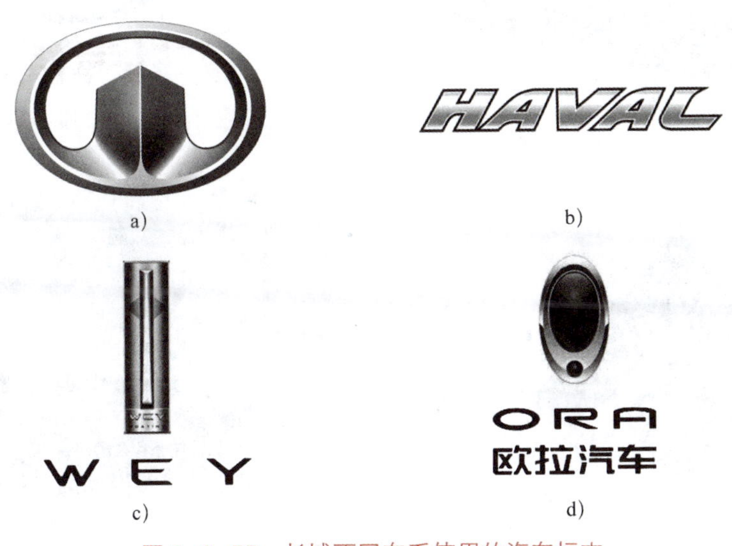

图 3-3-55 长城不同车系使用的汽车标志

a）风骏系列 b）哈弗系列 c）魏牌系列 d）欧拉系列

9. 广汽集团及其汽车品牌和标志

广汽集团全称广州汽车集团股份有限公司，总部位于广东省广州市天河区，成立于 1997 年，其前身为广州汽车制造厂，始建于 1958 年。广汽集团主要从事乘用车、商用车及汽车零部件的研发、制造和销售业务。

2008 年，广汽集团推出自主汽车品牌“传祺”，其品牌理念是“为亲人造好车，让世界充满爱”。传祺汽车的开发主要以适合中国人的驾驶习惯为主，通过对道路的了解进行汽车规划设计，传祺品牌覆盖轿车、SUV、MPV 等多个细分市场。近年来，广汽传祺的市场表现非常突出，取得了傲人成绩，成为中国自主乘用车品牌的佼佼者，图 3-3-56 所示为广汽传祺 GS4 汽车。

广汽传祺汽车标志是字母“G”的变形，如图 3-3-57 所示。“G”来源于广汽“广”字的拼音首字母，其外圆象征着畅通无阻的道路，反映了广汽传祺努力攀登高峰的精神。

2017 年 7 月 28 日，广汽新能源品牌注册成立。2020 年，广汽新能源更名为广汽埃安。2022 年 9 月 15 日，广汽埃安举办埃安品牌发布会，正式公布了埃安品牌的全新汽车标志并启用，如图 3-3-58 所示。同时，埃安也同步发布了全新高端品牌昊铂（Hyper），并联合中国航天成立“昊铂科研实验室”，首款新车超跑 Hyper SSR 亮相，如图 3-3-59 所示。

图 3–3–56　广汽传祺 GS4 汽车

图 3–3–57　广汽传祺汽车标志

图 3–3–58　埃安汽车标志

图 3–3–59　广汽埃安 Hyper SSR

10. 中国其他新能源汽车品牌及其汽车标志

（1）蔚来汽车及其汽车标志

蔚来是一个智能电动汽车品牌，于 2014 年 11 月由李斌发起创立，并获得了淡马锡、百度资本、联想集团等数十家知名机构的投资，总部位于上海。

2018 年 9 月 12 日，上海蔚来汽车有限公司在美国纽交所成功上市。旗下主要产品包括蔚来 ES8、蔚来 ES7、蔚来 ES6、蔚来 EC7、蔚来 EC6、蔚来 ET7、蔚来 ET5、蔚来 EP9、蔚来 EVE 等。蔚来汽车公司致力于通过提供高性能的智能电动汽车与极致用户体验，为用户创造愉悦的生活方式，图 3–3–60 所示为蔚来 ES6 电动汽车。

蔚来汽车标志分为上下两部分，如图 3–3–61 所示。其中，上半部分代表天空，象征开放、未来与目标；下半部分代表延伸向地平线的路面，象征方向、行动与向前的动力。

图 3–3–60　蔚来 ES6 电动汽车

图 3–3–61　蔚来汽车标志

（2）理想汽车及其汽车标志

理想汽车科技有限公司是一家总部位于北京的电动汽车制造企业，公司 2015 年成立，创始人李想。2019 年，理想汽车推出其首款汽车产品，家用豪华电动 SUV——理想 ONE，如图 3-3-62 所示。这款产品，上市即获得了大批消费者青睐。目前，理想的主要车型有理想 ONE、理想 L9、理想 L8、理想 L7、理想 L6 和理想 MEGA。

理想汽车标志如图 3-3-63 所示，其设计灵感来自理想品牌“Leading ideal”的英文缩写和创始人李想的姓氏拼音“Li”。

图 3-3-62　理想 ONE

图 3-3-63　理想汽车标志

（3）小鹏汽车及其汽车标志

小鹏汽车创立于 2014 年，总部位于广州，是广州橙行智动汽车科技有限公司旗下的互联网电动汽车品牌，创始人为何小鹏、夏珩、何涛。2016 年 9 月 13 日，小鹏首款电动汽车——小鹏 BETA 版发布，2017 年 10 月 12 日，小鹏汽车首款量产车型下线。目前，小鹏汽车主要在售车型有小鹏 X9、小鹏 G9、小鹏 P7i、小鹏 P7、小鹏 G6、小鹏 P5，图 3-3-64 所示为小鹏 P7 电动汽车。

小鹏汽车标志形似一个大写的字母“X”，如图 3-3-65 所示，是从英文单词“explorer”（探索者）中提取的字母，表明品牌勇于探索的精神。

（4）北汽新能源汽车及其汽车标志

北京新能源汽车股份有限公司（简称“北汽新能源”）创立于 2009 年，由世界 500 强

图 3-3-64　小鹏 P7 电动汽车

图 3-3-65　小鹏汽车标志

企业北京汽车集团有限公司发起并控股，是我国首家独立运营、首个获得新能源汽车生产资质、首家进行混合所有制改革、首批试点国有企业员工持股改革的新能源汽车企业。

北汽新能源自 2009 年成立以来即定下了“技术为核心”的发展路线，专注耕耘纯电动汽车领域，凭借掌握的新能源核心技术，已推出 EH、EU、EX、EV、EC 五大系列车型 10 余款纯电动乘用车，成为中国新能源市场上产品谱系最长的新能源车企，图 3-3-66 所示为北汽新能源 EU5 车型。

北汽新能源汽车标志将“北”字作为设计出发点，既象征中国北京，又代表北汽集团，如图 3-3-67 所示。“北”字看上去像一个兴高采烈的人和一扇敞开的门，寓意北汽新能源要积极向上，打开国门，把品牌做到全世界。

图 3-3-66　北汽新能源 EU5 车型

图 3-3-67　北汽新能源汽车标志

思考题

1. 对比亚洲各知名汽车品牌的特点和风格，简单描述其车标的含义。
2. 你最喜欢的国产汽车品牌是什么？举例说出其代表车型。

第四章 汽车名人

百年汽车发展史也是无数汽车人为之奋斗的汽车工业史。这些汽车先驱者们将自己毕生的精力投入热爱的汽车事业中，他们传奇的奋斗故事，激励着一代又一代汽车人投身于汽车事业中。

第一节 欧洲汽车奇才

学习目标

1. 了解欧洲汽车发展的历史。
2. 了解欧洲汽车公司创始人的创业故事。

欧洲是现代汽车工业的发祥地。从第一辆汽车问世至今，欧洲涌现出了许多推动汽车工业发展的领军人物，他们在汽车的设计、制造、销售等诸多方面都做出了巨大贡献。

一、卡尔·本茨

作为世界知名的汽车品牌，奔驰汽车的发展史不仅是一个传奇，而且几乎代表了汽车工业的发展史，而创造这一伟大奇迹的正是卡尔·本茨，如图 4–1–1 所示。

图 4–1–1 卡尔·本茨

卡尔·本茨（1844—1929 年）出生于德国卡尔斯鲁厄一个普通的工人家庭，少年时期在钢铁厂做过学徒。1860 年，本茨考入卡尔斯鲁厄综合科技学校，学习机械构造、机械原理、发动机制造、机械制造、经济核算等课程。这为他后来的事业发展打下了良好的基础。本茨毕业后进入当地一家机械厂，经过不懈努力，终于成为一名机械工程师。随后，本茨进入了曼海姆机器制造厂，从事车辆设计工作。

1872 年，本茨下决心要创建工厂，于是他与合伙人奥格斯特·里特在曼海姆创立了“奔驰铁器铸造公司和机械工厂”，开始从事铸造和机械制造。由于当时经济不景气，公司经营困难，面临倒闭。万般无奈之际，他决定制造发动机以摆脱困境。

本茨领取了生产“奥托”四冲程煤气发动机的营业执照，经过一年多的设计与试制，于 1879 年 12 月 31 日制造出第一台单缸煤气发动机（转速 200 r/min，功率约为 0.7 kW）。这台发动机的诞生对后来的汽车工业发展影响巨大，但是由于当时发动机的应用范围十分有限，所以并没有给本茨带来很大的经济效益，公司依然面临破产的危险。

1883 年，本茨在他人资助下成立了曼海姆燃气发动机有限公司。随后，他又将燃气内燃机改进为汽油发动机，并安装在三轮车上，发动机置于后桥上方，通过链条和齿轮驱动后轮前进。该车不仅使用了单缸四冲程汽油机、电点火和化油器等独创技术，而且还把水冷循环、钢管车架、钢板弹簧悬挂、后轮驱动、前轮转向和制动手把等运用其中，一举奠定了后来汽车设计制造的基调。

本茨向德国皇家专利局申报了汽车发明专利，并在 1886 年 1 月 29 日获得批准。自此，1 月 29 日被定为世界汽车诞生日，1886 年则被定为世界汽车诞生年，这辆每小时行进 16 km 的三轮汽车被命名为“奔驰 1 号”，如图 4–1–2 所示。如今，这辆“奔驰 1 号”汽车被陈列在德国汽车发源地斯图加特市的奔驰汽车博物馆中。

图 4–1–2　奔驰 1 号

在马车时代，汽车受到人们的嘲笑，被斥为无用的怪物。本茨夫人贝瑞塔·本茨为了回击社会舆论的讥讽，带领两个儿子对本茨反复改进的汽车进行了 144 km 距离的试车，最终赢得了世人认可，为汽车事业发展做出了巨大贡献，本茨夫人也因这次历史性的试验而成为世界上第一位汽车试驾员，如图 4–1–3 所示。

1893 年，本茨成功研制出性能先进的“维克托得亚”汽车，如图 4–1–4 所示。该车采用本茨专利的 3 L 发动机，转向盘安装在汽车中部。尽管该车性能先进，但由于价格昂贵，购买者稀少，最终成为公司滞销品。

图 4-1-3　世界上第一位汽车试驾员

后来，本茨听从他人建议，于 1894 年开始生产便宜的车型（定价 2 000 马克），销路很好，一年内售出 125 辆。由于这是世界上第一种批量生产的机动车，因而给奔驰带来了较高的利润。之后，奔驰又对前期生产的“维克托得亚”汽车进行改进，将车厢座位设计成面对面，制成了世界上第一辆内燃机公共汽车。

图 4-1-4 “维克托得亚”汽车

1894 年，公司推出改进的“维罗”型汽车，成功卖出 1 200 辆，并参加了首次汽车竞赛，赛程为巴黎到里昂。

1895 年，本茨设计了世界第一辆卡车。

1896 年，本茨设计了立式发动机。

1903 年 1 月 24 日，本茨正式退休，只保留公司董事的职务。

1906 年，本茨与儿子一起创办了“本茨父子公司”，生产发动机和汽车，其生产的汽车成为伦敦出租车的首选车型。

1929 年，本茨因支气管炎死于拉登堡家中，享年 84 岁。

如今的奔驰汽车公司经过 100 多年的发展，已成为世界上著名的汽车制造公司之一，为人类发展做出了杰出贡献。

二、戈特利布·戴姆勒

戈特利布·戴姆勒（1834—1900 年），如图 4-1-5 所示，是德国工程师和发明家，现代汽车工业的先驱者之一，出生于德国一个普通工人家庭。

1852 年，戴姆勒就读于斯图加特工程学院。少年时的戴姆勒就对燃气发动机产生了浓厚兴趣，并开始研究奥托式燃气发动机。他于 1859 年进入梅斯纳蒸汽机工厂工作，1861 年成为在英国阿姆斯特朗 · 霍特瓦士工厂学习的研究生。1862 年他回到德国，在斯特拉夫的机械工厂制造水车和水泵。

1865 年，戴姆勒与威廉 · 迈巴赫（见图 4–1–6）在车间里初次见面，年仅 19 岁的威廉 · 迈巴赫凭借自己在绘图方面的非凡天分，很快引起了戴姆勒的注意。1872 年，戴姆勒作为技术主管在奥托公司着手四冲程发动机的研发工作，27 岁的迈巴赫被任命为设计室主管。

图 4–1–5　戈特利布 · 戴姆勒

图 4–1–6　威廉 · 迈巴赫

1882 年，戴姆勒离开了奥托公司，迈巴赫也随之离开。戴姆勒在斯图加特附近买了一处地产，将其中一处小花园改造成工作间，着手制造汽油发动机。他们将奥托四冲程发动机进行改进，于 1883 年推出了首部卧式发动机。

1884 年，他们又推出了性能更好的立式发动机取名“立钟”（风冷，1/4 马力，最高转速 600 r/min），并于 1885 年 4 月 3 日获得德国专利。“立钟”发动机首先应用于木制双轮车上，并由戴姆勒的儿子保罗驾驶，这就是现代摩托车的先驱。这辆双轮车获得德国专利，成为世界上第一辆摩托车。1886 年，立式发动机首次被安装在四轮马车上，成为著名的“汽油马车”。遗憾的是，当时的摩托车和四轮汽车在 1903 年的火灾中被烧毁，荡然无存。1890 年，戴姆勒成立了股份公司“DMG”，并亲自担任监管会代理主席，迈巴赫也进入了该公司管理层。与此同时，著名的“三叉星”标志也开始使用在公司汽车产品上。早年的戴姆勒汽车成为英国皇室的专用车辆。

1900 年 3 月 6 日，戴姆勒在德国斯图加特去世。

梅赛德斯轿车的生产是在戴姆勒去世后的第三年。时任奥地利驻法国尼斯的领事埃米尔 · 杰利内克，曾在 1899 年驾驶戴姆勒制造的“凤凰”轿车在法国尼斯汽车大赛上取得冠军，他给赛车起名叫“梅赛德斯”（Mercedes），这是他小女儿的名字。他认为这个名字为他在比赛中带来了好运，于是建议戴姆勒用这个名字作为汽车的商标。

事实证明，当“梅赛德斯”被印在戴姆勒汽车的商标上之后，大家很快就接受了这个美丽的名字。不久，DMG 公司就将其所有汽车命名为梅赛德斯。1902 年，“梅赛德斯”被注册为商标，梅赛德斯新纪元从此开始。

1926 年 6 月 29 日，戴姆勒公司和奔驰公司合并成立了戴姆勒 – 奔驰公司，从此他们生产的所有汽车都被命名为“梅赛德斯 – 奔驰”。

三、安德烈·雪铁龙

安德烈·雪铁龙（1878—1935 年）出生于巴黎，从小酷爱科学，他认定科技进步会给人类带来幸福，并立志成为一名工程师，如图 4–1–7 所示。安德烈·雪铁龙从来不轻言放弃，他一生都在为创新与发明进行着不懈奋斗并乐此不疲，被称为“热衷于挑战极限的发明家”。

图 4–1–7　安德烈·雪铁龙

1900 年，年轻的雪铁龙从著名的法国高等工业技术学院毕业。在一次去波兰的旅途中，偶然看到一种“人”字形条纹的齿轮切割工艺，由此发明了“人”字形齿轮传动系统并获得专利。就是这个小小的发现成就了安德烈·雪铁龙光辉的一生。

1905 年，雪铁龙建立了自己的公司，专门生产自己的专利产品。因为“人”字形齿轮平稳而高效，所以很快畅销整个欧洲。

1912 年，雪铁龙参观了亨利·福特的汽车制造厂。之后，他决定要生产汽车，于是引入了福特的大批量流水线生产方式，并在自己的工厂里进行试验。

1913 年，他将自己的公司定名为雪铁龙齿轮工厂，专门从事齿轮传动机生产，同时开始生产汽车。

1919 年 5 月 28 日，雪铁龙仿照美国福特汽车公司 T 型汽车的成功经验，生产出 A 型汽车，如图 4–1–8 所示。该车发动机功率 13.2 kW、最大速度 65 km/h、百公里油耗 7.5 L，采用电子打火、3 挡变速器。A 型汽车面世后，很快收到了 1.6 万张订单，成为当时法国乃至整个欧洲的明星汽车。A 型汽车是雪铁龙汽车公司创建后制造的第一款汽车，也是欧洲第一辆采用流水线方式生产的汽车。

由于油耗低，A 型汽车获得了最佳经济性能奖，这一荣誉也为雪铁龙带来了好运。1921 年 6 月，A 型汽车被设备更加齐全、发动机功率更大、采用 3 速变速箱、时速达到 72 km、百公里油耗 8 L 的 B2 型汽车取代。

图 4-1-8　雪铁龙 A 型汽车

1924 年 10 月，雪铁龙推出 B10 型汽车（见图 4-1-9），这款汽车改变了世界汽车制造工艺的格局，它打破以往使用木材和钢板混合制造汽车车身的方法，改用冷冲压和焊接技术，不仅使汽车抵御碰撞的能力增强，而且还提高了车辆耐用性。此外，B10 创新的车身材料运用也对世界汽车工业的发展产生了深远影响。B10 的推出使雪铁龙的品牌知名度大幅提高，同时，雪铁龙也开始扩张其销售网络，创建了涵盖布鲁塞尔、阿姆斯特丹、科隆、米兰、日内瓦和哥本哈根等多个城市的国际售车网。1924 年，雪铁龙出口汽车 17 000 辆。随着雪铁龙汽车越来越受欢迎，雪铁龙一直在努力改善汽车制造工艺和程序，引入了更先进的生产模式，到 1928 年，雪铁龙汽车日产量达到 1 000 辆，1929 年，雪铁龙年生产汽车超过 100 000 辆。

图 4-1-9　雪铁龙 B10 型汽车

1934 年，由于经济衰退和新车型销售业绩不佳，雪铁龙经营状况受到影响，银行拒绝给予贷款，雪铁龙面临极大财务危机。1934 年 12 月，由于财务困难，雪铁龙倒闭，米其林公司于是接管雪铁龙公司。由于公司易手，57 岁的安德烈 · 雪铁龙于 1935 年 1 月离职，并于同年 7 月逝世，结束了其传奇的一生。

回顾安德烈 · 雪铁龙的一生，其最大成就不仅是创建了雪铁龙品牌，而且还将雪铁龙打造成集生产、金融信贷、保险、销售以及售后服务为一体的汽车企业。更重要的是安德烈·雪铁龙将创新和以人为本的信仰深深植入到雪铁龙品牌的血脉之中，为雪铁龙品牌奠定了独一无二的文化内涵。

思考题

1. 简述“奔驰 1 号”汽车的结构特点。
2. 简述“梅赛德斯－奔驰”品牌的由来。
3. 雪铁龙重视服务与营销的具体表现有哪些?

第二节　美国汽车精英

学习目标

1. 了解美国汽车发展的历史。
2. 了解美国三大汽车公司创始人的创业故事。

美国汽车工业最早可追溯到 19 世纪末，举世闻名的三大汽车公司在很长一段时间内一直处于全球汽车生产企业的前列，使得美国成为全球汽车工业的中心。

一、威廉·杜兰特

通用汽车是汽车行业的一个传奇，其创始人威廉·杜兰特（1861—1947 年）的一生给人留下了深刻印象。威廉·杜兰特（见图 4–2–1）出生于美国马萨诸塞州波士顿市，小时候受外婆的精心教导并在外祖父的木材厂工作。17 岁时，杜兰特终止了学业，先后当过雪茄推销员、自来水收费员、电力收费员、火灾保险代理员等。

图 4–2–1　威廉·杜兰特

1886 年，杜兰特对制造马车产生了极大兴趣，于是投资 1 500 美元在弗林特市成立了一家马车制造公司，并迅速发展成为全美最大的马车制造公司。

1903 年 5 月 19 日，大卫·别克创建了美国别克汽车公司，但不久就陷入了困境。由于长久以来杜兰特都十分关注汽车行业的发展，并一直在寻找进入这一领域的合适时机，别克汽车公司的危机让杜兰特看到了希望。杜兰特果断对其进行资助，并于 1904 年 11 月 1 日成为别克公司董事长，持有别克公司 65% 的股份。

经过杜兰特几年的苦心经营，别克公司成为美国顶尖的汽车制造企业。同时，杜兰特也开始实施他庞大的收购计划。他计划收购美国最大的几家汽车公司，以达到控制整个美国汽车产业的目的。尽管由于种种原因，收购计划最终与福特公司擦肩而过，但是杜兰特还是通过一年左右的时间，成功收购了包括凯迪拉克、奥兹莫比尔和奥克兰等著名汽车公司在内的 13 家汽车公司和 10 个零部件生产商。

1908 年 9 月 16 日，通用汽车公司成立。此时的通用汽车公司已成为一家巨型汽车集团，但是盲目扩张也给其带来了很多不良后果。

1910 年，由于与福特汽车公司竞争，通用汽车的销量急剧下降。杜兰特既没有建立必要的公司管理机构，也没有建立现金储备，公司陷入了经济危机。为渡过难关，杜兰特只好向财团求助，但是财团认为出现亏损是由于杜兰特的冒险行为引起的，不仅要求杜兰特辞职，而且还要控制通用公司。杜兰特无奈只好选择离开，他的人生第一次陷入低谷。

尽管如此，杜兰特并没有轻易被打倒。他和冠军车手路易斯·雪佛兰创建了另外一家汽车公司，开始制造雪佛兰汽车。

1911 年 11 月 3 日，雪佛兰汽车公司诞生。第一辆雪佛兰 Chevrolet 汽车于 1912 年在底特律面市，这是一款具备诸多标准配置的五乘员旅行轿车，如图 4–2–2 所示。

图 4–2–2　雪佛兰 Chevrolet 汽车

1914 年，雪佛兰公司推出第一款四缸汽车——雪佛兰 Fours，如图 4–2–3 所示，并迅速在美国流行。而定价 490 美元的“490”轿车更成功帮助雪佛兰公司将 1917 年的汽车销量提高到 19 万辆。自此，雪佛兰公司一直保持强劲发展势头，并且很快在美国四座城市建立了工厂，在全国范围内建立了零售体系。

杜兰特利用雪佛兰公司的资金，再加上杜邦家族的资金支持，偷偷购买了通用汽车公司的信托证券，取得了通用汽车公司一半以上的普通股。1916 年 6 月，杜兰特东山再起，再次出任通用汽车公司总裁。

图 4-2-3　雪佛兰 Fours

杜兰特重掌通用汽车公司后并没有吸取失败的教训，仍然沿用旧的管理方式。4 年时间内，通用公司规模扩大了 8 倍。由于杜兰特又一次的过分扩张，公司经营再次陷入困境，终于导致公司最严重的一次危机。

1921 年 1 月，公司被迫停产，杜兰特第二次被迫辞职，永久地离开了通用公司。杜兰特的再一次离去成就了通用公司历史上的另一位传奇人物——艾尔弗雷德·斯隆（1875—1966 年），如图 4-2-4 所示。他是第一位成功的职业经理人，20 世纪最伟大的 CEO，通用汽车公司的第八任总裁，事业部制组织结构的首创人。

图 4-2-4　艾尔弗雷德·斯隆

1947 年，威廉·杜兰特黯然离开了人世，但是他一手缔造的通用汽车公司，在斯隆等人的经营下，成功开创了通用汽车时代，使得通用汽车公司成为世界上最大的汽车公司。

二、亨利·福特

“消费者是我们工作的中心所在。我们在工作中必须时刻想着我们的消费者，提供比竞争对手更好的产品和服务。”这是福特汽车公司创始人亨利·福特（1863—1947 年）的企业理念，他凭着坚毅和勇往直前的精神，使美国进入了一个全新的汽车发展时代，改变了美国乃至世界交通的历史。

图 4-2-5　亨利·福特

亨利·福特（见图 4-2-5）出生于美国密歇根州。福特从小就对机械感兴趣，他从 12 岁开始修表、修机器，17 岁便到一家机械厂做学徒并成为机械师，学成后进入西屋电气公司。23 岁时，制造经验日渐丰富的福特开始研制使用内燃机带动的交通工具。

1891 年，福特成为爱迪生照明公司的一名工程师，1893 年晋升为主任工程师后，他有足够的时间和财力进行内燃机研究。

1896 年 6 月 4 日，福特将他研制的第一部汽车开上了底特律大街，并将这部汽车命名为“四轮车”。

1903 年 6 月 16 日，亨利 · 福特与投资者在底特律成立了福特汽车公司，他担任公司的副经理兼总工程师，主要工作是设计汽车。

1903—1908 年，亨利 · 福特和他的团队制造了 19 种车型的汽车，其中有些只是试验车型，从来没有上市。多次失败后，福特认识到公司的未来在于生产适合大众市场的廉价汽车，也就是要建造既简单又坚固耐用，而且人人都能够承受得起的汽车。亨利 · 福特的梦想之车就是 T 型汽车。

1908 年 10 月 1 日，福特推出了 T 型汽车（见图 4–2–6），在 1908—1927 年间共生产了 1 500 多万辆，最终售价仅为 290 美元，福特称之为“万能车”，T 型汽车成为低价、可靠运输工具的象征，赢得了千千万万美国人的心。

图 4–2–6　福特 T 型汽车

与此同时，福特公司开始对生产流程进行彻底的分解和优化。在此基础上，福特创造了前所未有的流水线生产模式，现代批量生产由此诞生，每个工作日 T 型汽车的下线速度达到了 10 秒一辆。福特也是世界上第一位将装配线概念实际应用于生产并获得巨大成功的人，而且以这种方式让汽车在美国普及化。

福特非常注重与雇员的关系。1914 年 1 月 5 日，福特公司公布 8 小时工作制的最低日工资标准为 5 美元，超过当时平均工资水平的 2 倍。1918 年，T 型汽车销售的顶峰时期，薪金更被提高到每天 6 美元。此外，福特还奖励雇员的发明创造，让他们分享发明带来的效益。

1919 年，福特买下了公司其他股东的股份，独控公司。他还利用花旗银行的资金扩大再生产，使公司成为 20 世纪世界最大的汽车公司，福特本人也被称为“汽车大王”。

1920 年，T 型汽车的销售量开始减少。1926 年 T 型汽车的销售量急剧下降，福特意识到公司需要一款新的车型，于是，引入了液压刹车系统的福特 A 型汽车诞生，如图 4-2-7 所示。福特 A 型汽车从 1927 年 12 月开始生产，到 1931 年生产了 400 万辆。

图 4-2-7 福特 A 型汽车

1932 年，福特公司开始制造 V-8 型汽车。

1935 年，福特公司开创了水星（Mercury）品牌，填补福特产品和高档林肯产品之间的市场空缺。

1947 年 4 月 3 日，亨利 · 福特去世。

《纽约时报》用这样一段话来评价他的一生：“当他未到人世时，这个世界还是马车的时代。当他离开人间时，这个世界已成为汽车的世界。”在他葬礼的那一天，美国所有汽车生产线停工 1 分钟，以纪念这位“汽车界的哥白尼”。亨利 · 福特留给我们的不仅仅是“福特”这个汽车品牌，还有一种执着的、永不言弃的创业精神。

三、沃特 · 克莱斯勒

2009 年 4 月 30 日，克莱斯勒汽车公司正式宣布破产。克莱斯勒汽车公司原是美国第三大汽车公司，创立于 1925 年。84 年的历史在这一天走到了尽头，这不由得让我们想起了公司的创始人，素有“公司医生”之称的沃特 · 克莱斯勒（1875—1940 年），如图 4-2-8 所示。

图 4-2-8 沃特 · 克莱斯勒

沃特 · 克莱斯勒出生于美国堪萨斯州，从小就有着很强的动手能力。18 岁时，他设计了一辆小型蒸汽机车，该车具有完整的气动式制动器，能够在克莱斯勒自建的 1/8 英里长的铁路上运行。

1893 年，克莱斯勒在太平洋联合铁路接受了 4 年的机械师培训。后来，克莱斯勒在盐湖城一家铁路公司工作。一次突发的火车故障给了他证明自己实力的机会，他及时地排除了故障，得到了上级赏识，并且迅速得到晋升。

此后一段时间，他先后被提升为工长、总工长和主技师。在空闲时间里，他学习了关于电子和机械的相关课程，两年后荣升主任技师。

33 岁时，克莱斯勒成为芝加哥大西方铁路的负责人，他是获得该职位最年轻的一位。随后他又在美国机车公司工作，第一年就使该公司获得盈利。36 岁时，克莱斯勒被任命为美国机车公司总经理。他所施行的一系列措施既提高了生产效率，又增加了雇员工资，被公认为是全面而有效的行政官员。

然而，一直以来，克莱斯勒都认为未来的铁路工业同发展中的汽车工业相比不再具有增长的潜力，将来的运输应该是个体和分散的。这样的想法给了克莱斯勒从事汽车制造业的动力。

1908 年，芝加哥汽车展览会成为克莱斯勒事业发展的一个重要契机。他在本次展会上看中了一辆售价为 5 000 美元的白色轿车，虽然他当时只有 700 美元，但他还是举债买下了这辆改变他命运的汽车。当这辆轿车运到他家中后，克莱斯勒立即将它进行解体，熟悉它的零件和组装方法，学习、研究如何改进它的设计和构造。

一位具有影响力的银行家看中了克莱斯勒的能力，将他介绍给了通用汽车公司当时的首席执行官查尔斯·纳什，克莱斯勒由此被任命为芝加哥别克工厂经理。在这个岗位上，克莱斯勒充分发挥了自己的才能，第一年就把汽车的日产量从 20 辆提升到了 550 辆。

1917 年，克莱斯勒被重新入主通用公司的威廉·杜兰特提拔为别克的总裁和执行董事。

在克莱斯勒的领导下，别克竟成了通用公司盈利最大的部门。

1919 年，他被杜兰特任命为通用公司的执行副总裁，主管工厂的生产，并且继续担任别克的执行董事。但是，由于两人倔强的性格难以共事，没过多久克莱斯勒便与杜兰特分道扬镳了。

至此，克莱斯勒终于开始了他作为“公司医生”的历程。

克莱斯勒在 1920 年接受了重振威利斯 – 欧弗兰特公司的重任，同时，还接受了处于困境的麦克斯韦摩托集团的邀请，很快，两家公司的运营得到改善。

1924 年，由克莱斯勒本人主持开发的第一个车型——“克莱斯勒 6 型”汽车终于问世，并大受欢迎，当年就售出 3.2 万辆。

1925 年 6 月 6 日，克莱斯勒汽车公司正式成立，克莱斯勒任总经理，并很快推出新车，取得了良好效益。

1926 年，克莱斯勒汽车公司由美国汽车制造业的第 27 位蹿升至第 5 位，转年又升至第 4 位。

1928 年，克莱斯勒公司成功收购了道奇兄弟公司，跃升为美国第三大汽车公司。此后，迪索托和普利茅斯又被合并到了克莱斯勒旗下。克莱斯勒汽车公司还先后在澳大利亚、法国、英国、巴西建厂并收购了当地汽车公司的股权，购买了意大利玛莎拉蒂公司和兰博基尼公司。

1934 年，克莱斯勒开发的超级轿车“艾弗罗”，如图 4-2-9 所示，以其泪滴形车身设计降低了风阻，提高了燃油经济性和操作性，同时还为乘客的安全提供了保障，仅在 1934 年就卖出 11 000 辆。

1934 年，第 100 万辆普利茅斯轿车（见图 4-2-10）驶下了位于底特律的林克大路总装线。

图 4-2-9 克莱斯勒“艾弗罗”轿车

图 4-2-10 普利茅斯轿车

1935 年 7 月 22 日，克莱斯勒在 60 周岁生日后辞掉了公司总经理职务改任董事长，直至 1940 年 7 月 22 日去世。

《福布斯》杂志曾经写道：“机遇总是寻找能够有效处理它的人。”这是对沃特 · 克莱斯勒最贴切的评价。

思考题

1. 简述威廉 · 杜兰特与雪佛兰品牌的关系。
2. 简述 T 型汽车前期成功与后期失败的原因。
3. 为什么沃特 · 克莱斯勒会被称为“公司医生”？

第三节　亚洲汽车名人

学习目标

1. 了解亚洲汽车发展的历史。
2. 了解日本汽车公司创始人的创业故事。
3. 了解中国汽车发展历程。

亚洲汽车工业的发展较欧美起步要晚，直到20世纪初才有了汽车制造企业，但是由于日本等国的崛起，亚洲汽车工业迎头赶上。一些日本汽车企业经过多年稳步发展，已逐渐取代欧美等老牌汽车企业，成为全球汽车行业的领头羊。

一、丰田喜一郎

“靠人和技术的力量开拓明天的世界”是丰田汽车公司的口号。2008年开始，丰田汽车公司逐渐取代通用汽车公司，成为世界第一大汽车生产厂商。这一辉煌成就的取得源自数代丰田人的不懈努力，而丰田喜一郎（1894—1952年），如图4-3-1所示，就是其中最重要的一位。

图4-3-1　丰田喜一郎

丰田喜一郎的父亲丰田佐吉是日本有名的纺织大王，自动织布机的发明人。在父亲的影响下，丰田喜一郎自幼喜欢机械，尤其对汽车情有独钟。1917年，丰田喜一郎进入东京帝国大学工学部机械专业读书。毕业后，他来到父亲的丰田纺织株式会社任机师。

丰田喜一郎分别在1921年和1929年两次考察欧美国家的汽车企业，目睹了汽车工业的发展和汽车普及的状况。他深受触动，坚定了发展日本汽车工业的决心。

1930年，丰田佐吉去世，给丰田喜一郎留下了制造日本国产汽车的遗愿。丰田纺织株式会社由丰田喜一郎的妹夫——丰田利三郎出任公司总裁。

1933年9月，在丰田喜一郎的一再要求下，丰田利三郎同意将丰田自动织布机制作所内一间仓库的一角划作汽车研制场地，丰田喜一郎以此为基地设立汽车部。当年4月，丰田喜一郎从德国买回一辆德国DKW牌前轮驱动汽车，并对其进行反复拆装、研究、分析和测绘。1934年，丰田喜一郎决定购置举母工厂用地，同年造出第一台A型发动机。1935年，造出A1型轿车样车，同年8月还造出了一辆GI型汽车，如图4-3-2所示。

图 4-3-2 丰田 GI 型汽车

1936 年，丰田喜一郎在东京芝浦设立汽车研究所。1937 年，丰田喜一郎成立了丰田汽车工业株式会社，地址在爱知县举田町，初始资金 1 200 万日元，员工 300 多人。

1938 年 11 月，月产轿车 500 辆、卡车 1 500 辆的丰田汽车公司举母工厂正式竣工。

丰田喜一郎对丰田的贡献，不只在于他造出了日本的国产轿车，更在于他为丰田今后的发展奠定了各方面基础，主要表现在重视人才和提出了“丰田生产方式”。

1951 年 5 月，丰田公司制定了“动脑筋，提方案”制度。每一名员工都可以自由地就任意问题提出各种建议，因为最了解生产第一线情况的员工更加有利于改进工作。这项制度沿用至今，而丰田公司也得以不断向前发展。

汽车生产所涉及的相关产业较多，它们的发展水平直接影响了汽车的质量。由于汽车制造业的特殊性，需要材料加工、机械制造、汽车零部件等诸多行业的共同发展才能实现大批量生产。因此，丰田喜一郎对公司内部结构进行了调整，成立了爱知钢铁公司、丰田机械公司、爱新精密机械公司、丰田车身公司、日本电气安装公司。这样的改革使得公司结构更加专业化、合理化、科学化，改变了以前混乱生产的格局。

丰田喜一郎又以汽车总装厂为中心，将零部件厂组织起来，利用外部订货的方法实行零部件生产的扩散。并且一改传统的半成品入库、取货、加工成品、入库、出库的程序，将整批生产方式改为弹性生产方式，工人每天只做必要的工作量即可，早做完者早下班，做不完者可加班；工厂无须设置存货仓库，无须占用大量周转资金，许多外购零部件在付款之前就已被装车卖出了。“恰好赶上”这个口号就是当时这一生产方式的最好概括。后来经过公司副总裁大野耐一的进一步发展完善，这一方式成为后来风靡全球的“丰田生产方式”。

1945 年 8 月“二战”结束时，丰田的工厂在战争中受到了严重破坏。但是在丰田喜一郎的积极带动下，丰田公司最终渡过难关。到了 1949 年，丰田的事业终于驶上了稳定发展的轨道。

1952 年 3 月 27 日，丰田喜一郎去世，享年 57 岁。作为丰田汽车公司的创始人，丰田喜一郎被称为日本的“国产车之父”，他的创业精神、研究精神和实践精神永远值得后人学习。

二、本田宗一郎

本田宗一郎（1906—1991 年）是本田汽车公司的创始人，他出生于日本静冈县，如图 4-3-3 所示。16 岁时，他不顾父亲反对，毅然来到东京一家汽车修理厂当学徒。6 年时间，他掌握了娴熟的修理技能，随后回到家乡滨松市开设了一家汽车修理厂。修车闲暇，他还不忘做一些发明创造，一生共取得了 100 多项专利。

图 4-3-3　本田宗一郎

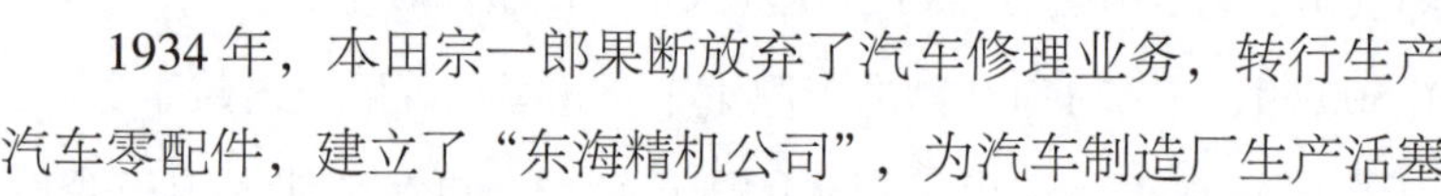

1934 年，本田宗一郎果断放弃了汽车修理业务，转行生产汽车零配件，建立了“东海精机公司”，为汽车制造厂生产活塞环。经过几年的不懈努力，本田宗一郎的公司成为中岛飞机公司和丰田汽车公司的下游厂商。

由于战争和 1945 年三河地震的影响，导致东海精机公司处境艰难，本田宗一郎将自己拥有的股份全部卖给了丰田。

1946 年 10 月，本田宗一郎在滨松设立了“本田技术研究所”，主要生产纺织机械，由于投资需要资金量巨大，很快就陷入了僵局。一个偶然的机会让本田宗一郎进入了摩托车制造业，他用低廉的价格购入战时陆军的微型发动机，并将其安装在自行车上。这种改装的自行车大受欢迎，被一抢而空。随后本田宗一郎开发出本田 a 型发动机，替代了微型发动机。

1948 年 9 月，本田宗一郎以 100 万日元成立了“本田技研工业公司”。

1949 年 8 月，本田宗一郎成功开发出具有划时代意义的 d 型发动机，并以此为基础推出了“本田 – 梦幻 d 型”摩托车，如图 4-3-4 所示。1951 年，本田宗一郎又主持研制了性能更好的四冲程 e 型发动机及“本田 – 梦幻 e 型”摩托车。这两款摩托车的销售都获得了成功，为公司赢得了利润。

图 4-3-4　本田宗一郎与他研发的梦幻 d 型摩托车

1954 年，因为本田宗一郎决策失误，资金周转出现严重问题，但是他在朋友的协助下，不但顺利完成了新车改进工作，还在随后的时间里努力研发赛车，并在 TT 摩托车大赛中取得了非常好的成绩，由此确立了本田摩托车的世界地位。

1960 年，本田技研工业公司成为世界一流的摩托车生产企业，图 4-3-5 所示为其生产的代表车型。

a)　　b)

图 4-3-5　本田摩托车代表车型

a）本田 ST1300 摩托车　b）本田 CBR400R 摩托车

摩托车取得的巨大成功并没有使本田宗一郎就此满足，他于 1962 年开始涉足汽车生产。

1967 年，本田宗一郎决定生产油耗低、供大众使用的小型汽车。

1973 年，本田公司开始生产出“西比古”轿车，第二年又推出“雅阁”轿车。同年，66 岁的本田宗一郎选择退休，他把社长位置让给了自己的创业伙伴河岛喜好。河岛喜好将本田公司带入了新的时代。

20 世纪 80 年代中期，本田公司成为日本第三大汽车制造商，80 年代末，成为世界第三大汽车制造商。

在本田宗一郎“经营要面向世界”的基本方针指引下，河岛喜好开始到美国建厂。在美国生产的本田雅阁汽车（见图 4-3-6）在 20 世纪 80 年代末和 90 年代成为美国最畅销的汽车，并使本田宗一郎成为第一位进入美国汽车名人堂的日本企业家。

a)

b)

图 4-3-6　本田雅阁汽车

a）第一代本田雅阁　b）第八代本田雅阁

1991 年 8 月 5 日，本田宗一郎在东京与世长辞，终年 85 岁。如今，本田技研工业公司仍是世界上最大的摩托车制造商，占世界摩托车销量的 1/4，同时也是全球十大汽车制造企业之一。

三、饶斌

回顾中国汽车工业的发展历史，如果说有一个人的经历能够完整地反映中国汽车工业最初 30 多年的发展历程，这个人无疑应该是中国汽车工业的奠基人、“中国汽车之父”——饶斌（1913—1987 年）。饶斌（见图 4–3–7）祖籍南京，生于吉林，原名叫饶鸿熹。

图 4–3–7　饶斌

新中国成立初期，汽车工业基本上是一片空白，为了摆脱这一尴尬现状，也为了满足经济建设、国防建设和人民生活的迫切需要，新中国急需建设汽车制造厂。

1950 年 12 月，中国第一汽车制造厂在长春兴建，39 岁的饶斌任厂长，全面领导工厂的建设和生产准备工作。经过 3 年的努力，长春第一汽车制造厂建成。

1954 年 9 月，中国当时的机械部、教育部和农机部决定在长春建立汽车拖拉机学院，饶斌任筹备委员会主任，负责筹备建校工作。1955 年 9 月，长春汽车拖拉机学院建成，饶斌被任命为第一任院长。学院后来发展为吉林工业大学，并成为全国重点大学之一，被誉为“中国汽车农机工业人才的摇篮”。

1956 年 7 月 15 日，“一汽”生产出了我国第一批解放牌载重汽车，结束了我国不能制造汽车的历史。

1964 年，饶斌参加了第二汽车制造厂的选址和筹建工作，提出用“聚宝”的办法建设“二汽”，由全国的汽车和机械制造企业包建各个分厂，形成系统的现代化汽车制造企业，其中，主要力量来自“一汽”。此外，上海、北京、南京等地汽车相关企业也承担了部分专业厂的建设工作。

饶斌在“二汽”一干就是 16 年，1969 年 9 月 23 日，第一辆东风 EQ140 载重汽车（见图 4–3–8）在“二汽”试制成功。同年 12 月 30 日，第一辆三吨半军用越野车也在“二汽”试制成功。

1979 年，饶斌担任机械部部长，此时的“二汽”已经发展成为一家年产 10 万辆中型卡车的汽车企业。

改革开放之初，我国开始准备引进汽车合资项目，饶斌建议由上海承担。经过与德国大众公司 60 多轮的谈判，基本确定了与德国合作生产 15 万辆桑塔纳轿车（见图 4–3–9）的项目，但是当时很多人反对，项目几乎搁浅，最终是饶斌力排众议挽救了项目。随着历史的变迁，“上汽”的发展有力地验证了饶斌的智慧和独到眼光。

图 4-3-8 东风 EQ140 载重汽车

图 4-3-9 桑塔纳轿车

在饶斌的主持下，我国又先后创建了北京吉普汽车厂等一批中外合资企业，引进奥地利的斯太尔重型汽车技术，加速了产品换型，结束了我国汽车产品单一的历史，为中国汽车工业的转型打下了扎实的基础。

1987 年 8 月，饶斌考察上海大众汽车厂，如图 4-3-10 所示。由于年事已高，同时身患心血管病，考察过程中他心脏病突发。1987 年 8 月 29 日，饶斌在上海逝世，享年 74 岁。

图 4-3-10 饶斌考察上海大众汽车厂

饶斌将后半生的心血全部注入中国的汽车工业发展中，尤其是几个大型骨干企业，包括“一汽”“东汽”“南汽”“上汽”等。这些汽车企业无一不是在饶斌的亲自领导和支持下发展起来的。他的名言“我愿化作一座桥”一直激励着后来的中国汽车人不断前行。“中国汽车之父”这一殊荣他当之无愧。

思考题

1. 丰田生产方式的内容是什么？
2. 简述饶斌对我国汽车工业发展的影响。

第五章 汽车与社会

第一节 汽车经济

学习目标

1. 了解汽车的地位。
2. 了解汽车产业在经济社会的重要作用。

汽车是“改变世界的机器”，是人们日常生活中不可或缺的组成部分，已成为现代文明的象征。汽车与社会的关系非常复杂，主要包括促进经济发展、提高生活质量、扩大劳动就业、引起生产管理变革、加快城市化进程等，历经百年的汽车已经深入人类社会的方方面面。

一、汽车地位

1. 交通领域

汽车在交通领域的地位不仅是城市居民个性出行的支持者，更是连接城乡、促进农村发展的不可或缺的工具。在社会的快速变革中，汽车通过其灵活性和便捷性，为人们提供了更广阔的机遇和可能性，进一步巩固了其在交通领域的重要地位。

在现代城市化和人口膨胀的背景下，交通问题逐渐成为社会的一个严峻挑战。汽车因其便捷和灵活的特性，在解决交通难题上发挥着不可替代的作用。大城市中，由于公共交通无法满足市民多样化的出行需求，汽车成了居民个性化出行的首选。其高效的时间管理和灵活的空间利用，使得人们能够更加便利地在城市中穿梭，迅速应对各种生活场景（见图 5–1–1）。而在农村地区，汽车则扮演着连接城乡的重要角色，成为农民融入现代化社会的桥梁。通过汽车，农民能够更加方便地将农产品运送到城市，拓宽了他们的销售渠道，提升了收入水平。同时，农村地区的居民也能够更加便捷地访问城市的医疗、教育和其他服务资源，促进了农村经济的发展和社会的全面进步。

图 5–1–1　汽车出行

2. 经济领域

汽车在经济方面扮演着举足轻重的角色。汽车产业是许多国家的支柱性产业之一，直接或间接地创造了大量就业机会。从汽车制造到销售、服务等各个环节，都涉及大量的人力资源。同时，汽车产业也带动了相关产业链的发展，比如钢铁、橡胶、化工等行业都因汽车产业的繁荣而蓬勃发展。汽车的销售更是成了国家财政的重要来源，很多国家通过汽车税收等方式获取资金，用于基础设施建设、社会事业等方面，如图 5–1–2 所示。

图 5–1–2　汽车与经济

3. 社会领域

在社会方面，汽车也对人们的生活方式、社交方式产生了深远的影响。汽车提供了更广阔的社交空间，人们可以通过驾车外出、旅行来拓展社交圈，加强人与人之间的联系。同时，汽车也改变了人们的生活方式，提高了生活品质。无论是购物、旅行还是娱乐活动，汽车都成了不可或缺的工具。此外，汽车也推动了城市建设的发展，为城市提供了更多的便利设施，促进了城市的繁荣。

然而，随着汽车的普及和用量的增加，也带来了一系列问题。交通拥堵、环境污染、资源消耗等问题日益突出，成为制约汽车发展的瓶颈，如图 5-1-3 所示。因此，汽车产业也在不断进行技术创新，推动新能源汽车、智能汽车等新型汽车的发展，以应对环境和资源压力。

图 5-1-3 汽车尾气污染

总的来说，汽车在现代社会中的地位无可替代，它不仅是交通工具，更是经济的支柱、社会的连接器、文化的载体。随着科技的发展和社会的变革，汽车的地位也在不断演变，朝着更加智能、环保、可持续的方向发展。汽车的未来将更好地服务于人类的生活，成为推动社会发展的重要力量。

二、汽车与社会发展

汽车是一种综合性强、技术含量高、批量大的产品，它在国民经济、国防建设和人民生活等方面起着十分重要的作用。汽车的制造和应用是衡量一个国家发达水平的重要标志，许多国家把汽车工业作为国民经济的支柱产业。据统计，每生产一辆汽车，就可以带动上下游产业增加约 15 万元的产值。因此，汽车产业对国民经济的贡献率非常高，是一个重要的经济增长点。

1. 就业机会的提供

汽车产业是涉及多个领域和行业的综合性产业，包括汽车制造、零部件供应、销售服务、维修保养、金融保险、研发创新等。这些领域和汽车行业相互依存、相互促进，形成了一个庞大的产业链，如图 5-1-4 所示。在这个庞大的产业链中，各个环节都为社会创造了丰富的就业机会，涉及的人员类型也多种多样。首先，汽车设计和研发阶段需要大量工程师和技术人员，他们致力于创新和改进汽车技术，推动整个产业的不断发展。其次，制造阶段需要大量产业工人，他们负责汽车的装配和生产线的运作。然后，销售阶段涉及大量销售人员，包括销售顾问、市场营销专业人员等，他们通过促销和推广活动推动汽车销售。最后，维护阶段包括汽车修理师傅、保养服务人员等，他们为汽车提供售后服务，保障汽车的正常运行。

图 5-1-4　汽车产业链

发展汽车产业是提供大量就业机会的有效渠道，并且有强大的外延性，比如汽车金融和汽车旅游休闲以及汽车竞赛、展览等。有数据统计表明，汽车工业每提供 1 个就业岗位，上下游产业就增加十几个就业人口，并且这种就业比例还在不断增长和变化。比如“滴滴出行”，它对于汽车产业来说，仅仅是一个打车软件、一个 App，但是因它而带动就业的滴滴司机却有成千上万，这就是汽车产业的无限可能性。

2. 制造业的拉动效应

汽车产业作为制造业的支柱之一，对整个制造业的发展有着深远影响。首先，汽车的制造过程需要大量原材料，如钢铁、橡胶、塑料、玻璃等。这些原材料的需求直接拉动了相关产业发展。例如，为了满足汽车产业对钢铁的需求，钢铁生产企业不断提高生产能力，推动了整个钢铁行业的发展；汽车轮胎的制造对橡胶产业提出了更高要求，促进了橡胶技术的创新与提高。这种对制造业的拉动效应使得汽车产业成为整个工业体系中不可或缺的一部分。

其次，汽车制造过程中的高精尖技术也在推动整个制造业技术水平的不断提升。现代汽车不仅仅是机械设备的组合，更涉及电子、计算机、通信等多个领域。为了应对汽车的智能化、电动化趋势，制造业必须不断引入先进的科技，推动相关产业技术水平的提高，如图 5-1-5 所示。这种技术的迭代和进步，不仅促进了汽车产业的创新，也推动了整个制造业向着智能化、绿色化的方向发展。

图 5-1-5 汽车智能化生产流水线

3. 便捷交通系统

汽车作为一种重要的城市交通工具，为人们提供了高效便捷的出行方式，极大缩短了城市之间的距离。这种便捷的交通系统不仅方便了居民的日常生活，更为商业、货物运输等方面的活动提供了迅速支持。首先，汽车的灵活性和高速行驶的特点使得人们能够在较短时间内完成跨城市的移动。这对于商务出行、旅游观光等活动起到了关键作用，促进了不同城市之间的交流与合作。其次，汽车为货物运输提供了高效便捷的手段，促进了商品的流通，加速了供应链的运作，提高了经济效益。

汽车的广泛使用使得城市居民的生活更为便捷，工作效率得以提升。人们可以选择更灵活的出行方式，不受公共交通的限制，更好地安排时间，提高工作和生活的品质。同时，便捷的交通系统也为城市居民提供了更多的选择，促进了城市内各个区域之间的均衡发展。例如，人们可以选择在郊区居住，而通过汽车快速进入城市中心工作，从而缓解了城市中心区域的居住压力。

4. 促进城市规划与基础设施建设

随着汽车的广泛普及和使用，城市规划和基础设施建设迎来了新的机遇和挑战。为了适应汽车数量规模的增长，城市需要进行更加科学合理的规划，以确保交通系统的高效运作和城市的可持续发展。首先，城市规划需要考虑到交通流量的合理分配，设计出更加便捷的交通网络。这包括修建更多的高速公路、快速通道，设计交叉口和立交桥等，以提高道路通行能力，如图 5-1-6 所示。其次，城市需要充分考虑停车设施的建设，包括停车场、停车楼等。合理的停车设施不仅方便了市民停车，也有助于缓解交通拥堵问题。

城市基础设施建设的重要性不仅在于要满足现有的需求，更要预见未来的发展。为了支持汽车的使用，城市需要建设智能交通系统，通过科技手段提高交通管理的效率，减少拥堵，提高道路利用率。这也包括发展智能停车系统，通过互联网技术提高停车位的利用率，减少空转寻找停车位的时间，提升城市停车体验。

城市规划和基础设施建设的改善不仅提升了城市的交通状况，还为城市经济的可持续发展提供了有力支持。通过高效的交通系统，城市更容易吸引商业投资，提升商业繁荣度。同时，便捷的交通也使城市在全球范围内更具竞争力，促进了城市与城市之间的经济合作与交流。在城市规划和基础设施建设中，需要综合考虑人口增长、经济发展、环境保护等多个因素，以实现城市交通与经济的良性互动。

图 5-1-6　汽车与城市规划

5. 促进科技创新发展

汽车产业的发展对于科技创新的影响力是巨大的。汽车科技的进步主要集中在汽车的功能上，特别是电子技术与汽车技术的结合，使得汽车技术又有了新的质的飞跃。

目前看来，汽车正在走向轻电子、高网络、善智能、低能耗的多样化汽车时代，以电子产品为代表的一大批高科技产品在汽车上的装车率日益提高。这对于机械、电子、化学、材料、光学等众多学科的发展具有重大的影响，特别是对于这些领域的技术革新和发展，具有划时代的意义，对于汽车产业整体发展更是具有不可估量的潜力。

思考题

1. 说一说汽车对于你的生活有什么影响。
2. 简述汽车产业是如何促进社会发展的。

第二节 汽车竞赛

学习目标

1. 了解汽车竞赛的起源和分类。
2. 了解各类汽车竞赛的特点。

汽车竞赛在汽车诞生后的百余年里，一直都是推动汽车技术和产业发展的重要手段。汽车竞赛不仅可以综合检验汽车的设计制造水平，同时也是提升汽车品牌知名度、促进汽车销量的重要手段，历史上曾有一句话，“周日赢比赛，周一能大卖”，足见汽车竞赛对于提升汽车销量的作用。

不过，随着时间推移，汽车竞赛对于促进汽车新技术的开发验证以及销量提升，效果已不大明显。这主要是因为，从技术验证的角度，现在的试验条件远超过去，且背后还有无数供应商在每个细分领域开展研究，资金投入不可同日而语。此外，对于汽车销售，过去汽车消费环境比较简单，没有第三方测评机构，信息传递也不及现在，能在赛场上完成比赛并拿到好成绩，就代表汽车质量可靠。而现在影响汽车消费的因素非常多，如媒体评测、安全机构评级、网友口碑甚至形象代言人等，都会影响大家的购车决定，所以汽车竞赛发展到今天，更多只是人们喜爱的一项体育运动。

一、汽车竞赛的起源

1887 年 4 月 20 日，法国《汽车》杂志主编弗谢举办了一场由巴黎桑·贾姆沿塞纳河到努伊伊的汽车竞赛，这是世界上第一次有记录的汽车竞赛。参加这次竞赛的只有乔尔基·布顿一人，他驾驶可乘四人、带脚蹬的蒸汽机四轮汽车跑完了全程。1888 年，《汽车》杂志又主办了第二次汽车比赛，这次比赛有两人参加，全程 20 km。

国际汽车联合会（FIA，简称“国际汽联”）承认的汽车竞赛诞生于 1894 年 6 月 11 日，由法国《小人物》杂志新闻负责人皮埃尔·吉法尔在巴黎举办。这次比赛从巴黎出发，经里昂返回巴黎，赛程 128 km，登记参加比赛的汽车有 102 辆，结果只有 9 辆到达终点。可以说，法国是现代汽车竞赛的发源地。

二、汽车竞赛的分类

1. 汽车道路赛

（1）汽车拉力赛

汽车拉力赛的英文是“rally”（集结），因此也被称为集合赛、多日赛。它属于汽车道路比赛项目之一，是一种道路条件和行驶环境较恶劣的长距离、高速度汽车竞赛，如图 5-2-1 所示。最高等级的汽车拉力赛是“国际汽联”举办的世界汽车拉力锦标赛（world rally championship，简称 WRC），世界上第一场 WRC 赛事举办于 1973 年。

图 5-2-1　汽车拉力赛

（2）汽车越野赛

汽车越野赛是在一个国家或数个国家的公路和自然道路上举行的汽车比赛，如图 5-2-2 所示。如果比赛经过几个国家的领土、总里程超过 10 000 km 或跨洲进行，则称为马拉松越野赛。汽车越野赛与拉力赛有相同之处，但也有一些区别。越野赛必须在白天进行，除“国际汽联”特别批准外，赛程不得超过 15 天；比赛采用单车发车方式，每经过 10 个赛段至少休息 18 个小时；每个赛段的行驶距离自定，但最大长度越野赛不超过 350 km，马拉松越野赛不超过 800 km；参赛车辆必须使用在“国际汽联”注册的全轮驱动汽车。

a)

b)

图 5-2-2　汽车越野赛

从轰动多年的港京汽车拉力赛和巴黎—莫斯科—北京马拉松越野赛开始，我国车迷逐渐领略到汽车道路赛的独特魅力。随着中国车队的参与和媒体的广泛报道，汽车道路赛开始越来越吸引国人的关注。

2. 汽车耐力赛

（1）国际 GT 跑车耐力赛

国际 GT 跑车耐力赛简称 GT 赛，如图 5–2–3 所示，始于 1994 年，是一种汽车在规定赛道上进行长时间连续行驶的耐久性比赛。GT 赛常见的赛车品牌有阿斯顿·马丁、雪佛兰、法拉利、兰博基尼、玛莎拉蒂、保时捷、塞琳等。这些赛车通常由私人的专业车队负责运作，使用超级跑车改装而成，根据马力大小不同一般分成 GT1 和 GT2 两个组别进行比赛。

图 5–2–3　国际 GT 跑车耐力赛

（2）勒芒 24 小时耐力赛

勒芒 24 小时耐力赛是目前世界上仅存的、最具历史色彩的赛事之一，如图 5–2–4 所示。它是由法国赛车界的领袖人物杜杭、赛车记者法胡、赛车制造商寇基三人于 1923 年创办的。他们最初开办这项赛事的目的是给发展中的汽车工业开创一个能真正测试出车辆安

图 5–2–4　勒芒 24 小时耐力赛

全性、续航力和夜间行驶能力的场所，以便更好、更快地改进汽车工艺。勒芒大赛从 1923 年开始，每年 6 月在法国勒芒举行。

3. 汽车场地赛

（1）方程式汽车竞赛

方程式汽车竞赛是汽车运动中最重要的一项赛事，这项赛事规模最大，涉及国家最多，受公众关注程度最高。“方程式”是个数学名词，是从英文“formula”一词翻译过来的，“formula”原本是“公式”的意思，联系到汽车比赛中则表示“规则、级别”。早期的汽车竞赛对赛车几乎没有规定，车队可以选择任意车型和发动机功率的赛车参加比赛，这虽然有利于促进汽车技术的发展，但对于比赛本身是不公平的。后来，“国际汽联”对于参加比赛的单座赛车提出了一整套严格规定，其中包括赛车的长度、宽度、最小重量、发动机排量及功率、轴距、轮距、轮胎尺寸以及是否使用增压器等，并根据比赛发展不断对这些规定进行修改完善，从而使比赛趋于公平合理，于是就有了所谓“方程式”的概念，图 5–2–5 所示为正在参加比赛的方程式赛车。

图 5–2–5　正在参加比赛的方程式赛车

方程式汽车竞赛共分为三个级别：三级方程式简称 F3，发动机排量 2.0 L、功率 127.5 kW；二级方程式简称 F2，发动机排量 3.0 L、功率 352.5 kW；一级方程式简称 F1，发动机排量 3.5 L、功率 487.5 kW，1995 年改为 3.0 L 和 487.5 ~ 525 kW。

一级方程式是方程式汽车竞赛中最高级别的比赛。世界首场一级方程式汽车竞赛于 1950 年在英国银石赛车场举办，此后，50 年代每年举行 7 ~ 9 场比赛，70 年代每年要举行 15 ~ 16 场比赛，之后 F1 竞赛的次数更多，地点遍布全球。

所有参加 F1 竞赛的车手，都是经过千挑万选的世界车坛精英。每一位车手在跻身 F1 竞赛前，都必须经过多个级别的选拔，例如，小型车赛、F3 车赛等。根据“国际汽联”规定，所有驾驶 F1 赛车的车手都必须持有“国际汽联”签发的“超级驾驶执照”，而每年能够取得这一执照的 F1 车手不超过 100 名。

（2）卡丁车竞赛

卡丁车竞赛是最小型的场地赛车项目，如图 5-2-6 所示，始于 1940 年，首先在东欧出现并逐渐推广，20 世纪 50 年代末在欧美得到普及并迅速发展。当时这种运动被称为“高卡”，主要用于休闲娱乐，后来，人们尝试用它进行竞速比赛，并感受这是一项很有魅力且相对安全的运动，从此卡丁车竞赛广泛流行起来。

图 5-2-6　卡丁车竞赛

一开始，卡丁车竞赛组织形式十分松散，车辆规格和比赛规则也不统一。为使这项运动规范化、标准化发展，时任“国际汽联”主席的巴莱斯特先生于 1962 年创建了“国际汽联”卡丁车委员会，负责在世界范围内普及、推广卡丁车运动，制定并监督实施统一的规则和技术标准。从那时起，卡丁车运动有了很大改变，形成了现代卡丁车运动。

（3）印第安纳波里斯 500 汽车大赛

印第安纳波里斯 500 汽车大赛是美国举办的一项著名汽车场地赛，如图 5-2-7 所示。这项大赛历史悠久，早在 20 世纪初，一些汽车厂家在美国印第安纳州的印第安纳波里斯建立了一条土跑道，主要用来测试汽车产品的耐久性。很快，这项测试活动演变成正式比赛，并于 1911 年进行了首场赛事，之后不断发展并延续至今。

图 5-2-7　印第安纳波里斯 500 汽车大赛

（4）直线竞速赛

直线竞速赛也属于汽车场地赛项目，是专门为决出跑得最快的汽车和创造新的汽车车速纪录而进行的比赛，如图 5-2-8 所示。这项赛事源于“二战”后的美国。

图 5-2-8　直线竞速赛

直线竞速赛与田径比赛中的短跑比赛类似，其竞赛结果代表了汽车行驶速度的极限。比赛按车型及发动机排量不同分为 12 ~ 14 个等级，在两条并列长 1 500 m、宽 15 m 的直线柏油跑道上进行，实际比赛距离为 400 m 或 200 m。

比赛采用定点发车、加速行进的方法，每两辆赛车为一组，实行淘汰制，分多轮进行。比赛成绩通过电子仪器测量从发车线到终点线的行驶时间，最终决出冠军。由于这项赛事安排紧凑、紧张激烈、气氛活跃，对于喜欢刺激的人们来说是一项理想的竞赛活动。

（5）电动方程式锦标赛

电动方程式锦标赛（Formula E，简称 FE）又称 E 级方程式，如图 5-2-9 所示，是“国际汽联”力推的一项清洁能源汽车赛事，目标是推广清洁能源汽车的可持续发展理念，同时促进相关电池、电动机、变速器、电子控制、快充技术、安全保证等方面的技术进步，

图 5-2-9　电动方程式锦标赛

并且为治理城市污染、创造清洁环境提供解决思路。FE 中所有车队的赛车都靠电力驱动，使用相同的车架，动力总成各自研发，比赛赛道都是基于城市道路设计的，比赛在一天内完成，上午是练习赛和排位赛，中午给赛车充电，下午是决赛。电动方程式锦标赛自 2014 年创办以来，已有 12 支参赛车队，每支参赛车队有两名车手，其中，中国参赛车队有两支，分别是 DS 钛麟车队和蔚来 333 车队。

思考题

1. 汽车竞赛诞生的初衷是什么？
2. 世界上有影响力的汽车竞赛有哪些？
3. 简述方程式汽车竞赛名称的含义和由来。

第二节 汽车展览

学习目标

1. 了解汽车展览的历史。
2. 了解汽车展览的作用。

汽车展览（Auto Show）是由政府机构、专业协会或主流媒体等组织，联合汽车制造商、汽车经销商，在专业展馆或会展中心进行的汽车产品展示展销会或汽车行业经贸交易会、博览会等。

随着汽车工业的发展，汽车市场迅速扩大，汽车展览越来越普及。车展不仅推动了汽车工业的发展，也带动了相关产业的进步，形成了特色的会展经济。

一、国际著名车展

1. 德国国际汽车及智慧出行博览会

德国国际汽车及智慧出行博览会（IAA MOBILITY）是世界五大车展之一，之前名为德国国际车展（IAA），曾因长期在法兰克福举办，也被业界称为法兰克福车展。

德国国际车展（IAA）于 1897 年创办于柏林（当时称柏林车展），是历史最悠久的车展。1911 年之前，几乎每年举办一届，后因两次世界大战而两度受到影响。1951 年，在中断 11 年后于法兰克福重新举办，并逐渐发展为两年一届。此前，IAA 是传统的贸易展会，素有“汽车奥运会”之称。2019 年，在参观人数和参展商大幅下降后，展会的理念开始向致力于气候中和的 360° 移动出行平台转型。2021 年，IAA 在法兰克福举办 70 年后，首次以全新名称“IAA MOBILITY”亮相于德国慕尼黑。图 5-3-1 所示为 2023 年 IAA MOBILITY 举办现场。

图 5-3-1　2023 年 IAA MOBILITY 举办现场

2. 北美国际车展

北美国际车展（NAIAS）的前身是美国底特律国际汽车展览会，是美国历史上创办最早的车展，由底特律汽车经销商协会主办。1900 年 11 月，美国纽约汽车俱乐部召开了第一届世界汽车博览会，1907 年转迁到底特律汽车城。当时会场设在贝乐斯啤酒花园，小小的展示区内参展的厂商只有 17 家，展车不超过 33 辆。直到 1957 年，欧洲车厂远渡重洋而来，展会上首次出现了沃尔沃、奔驰、保时捷等车型身影，深受美国民众喜爱。1989 年，底特律国际汽车展览会更名为北美国际车展，每年 1 月举办。北美国际车展以量产车型首发而闻名，每年总有四五十款新车亮相，车展举办得像假日集会，热闹非凡，每年为底特律带来几亿美元的会展收益。图 5-3-2 为北美国际车展举办现场。

3. 日内瓦国际车展

日内瓦国际车展（GIMS）创办于 1924 年，作为世界五大车展之一，是欧洲唯一每年举办的大型车展。车展以展示豪华车和高性能改装车为主，因此素有“国际汽车潮流风向标”之称。

图 5-3-2 北美国际车展举办现场

2024 年 2 月 26 日—3 月 3 日，日内瓦国际车展迎来了 100 周年纪念，以往日内瓦车展是欧美车企发布重磅新车的首选，只不过，这次它看到的不再是那些陪伴了它半个多世纪的老伙计，而是成了中国汽车品牌的“主场”。上汽集团和比亚迪等中国车企携多款新能源汽车亮相车展，备受瞩目，凸显了全球汽车行业的电动化趋势。图 5-3-3 为 2024 年日内瓦国际车展举办现场。

图 5-3-3 2024 年日内瓦国际车展举办现场

从持续时间、参展商数量和新车发布量来看，本届日内瓦国际车展规模不如往届。目前，除了在中国举办的车展和德国的 IAA MOBILITY，其他车展都在快速丧失国际影响力，沦为地区性表演。这也反映出在新趋势下，国际汽车巨头的落伍，中国汽车的强势超车现状。

4. 法国巴黎国际车展

法国巴黎国际车展（PMS）起源于 1898 年的国际汽车沙龙会，1976 年之前每年举办一届，此后每两年举办一届，时间是 9 月底至 10 月初。巴黎车展的特色是法国和欧洲厂家参展较多，突出欧洲汽车特点。法国的汽车设计一向以新颖独特著称，富于浪漫和充满想象力的法国人总是追求别具一格的车型、风一般的速度和舒适的车内享受，这些嗜好在巴黎车展中显露无遗，使得巴黎车展处处体现“新”字。与此同时，概念车多也是巴黎车展的一大特点，各种新奇的概念车常常让人眼前一亮。图 5–3–4 所示为 2022 年法国巴黎车展举办现场。

图 5–3–4　2022 年法国巴黎车展举办现场

5. 东京国际车展

东京国际车展（TMS）创办于 1954 年，是世界五大车展中创办时间最短的，曾被誉为“亚洲汽车风向标”。随着日本汽车工业的不断壮大，自 1989 年第 28 届展会起，东京国际车展将展场从银座转移到了东京的千叶幕张。车展每逢秋季举办，每年轮流展示轿车和商务用车。

东京国际车展曾是亚洲最大的车展。与其他西方大型车展相比，东京国际车展具有鲜明的特点，日本本土生产的五花八门、千姿百态的小型汽车历来是车展的主角，同时，各种各样的汽车电子设备也是展会一大亮点。自 2023 年开始，东京国际车展更名为“日本移动出行展（JMS）”，大幅增加了汽车以外行业及初创企业的展示。图 5–3–5 所示为 2023 年日本移动出行展举办现场。

图 5-3-5　2023 年日本移动出行展举办现场

二、中国著名车展

1. 北京国际汽车展览会

北京国际汽车展览会简称北京车展（Auto China），自 1990 年创办以来，每两年举办一届，每逢双数年的 4 月下旬在北京中国国际展览中心和全国农业展览馆举行，是国际汽车展会的著名品牌之一，对促进中外汽车界的交流与合作、加快中国汽车工业的发展起到了积极推动作用。图 5-3-6 所示为第十六届北京国际汽车展览会举办现场。

图 5-3-6　第十六届北京国际汽车展览会举办现场

2. 上海国际汽车工业展览会

上海国际汽车工业展览会又称上海国际车展（Automobile Shanghai），创办于 1985 年，逢单数年的四月下旬举办，是中国最早的专业国际汽车展览会。伴随着中国汽车工业的发展，经过多年积累，上海国际车展已成为中国最权威和国际最具影响力的车展之一，也是亚洲规模最大的车展。图 5-3-7 所示为 2023 年上海国际汽车工业展览会举办现场。

图 5-3-7 2023 年上海国际汽车工业展览会举办现场

3. 成都国际汽车展览会

成都国际汽车展览会也称成都车展（Chengdu Motor Show，简称 CDMS），创办于 1998 年，是中国西部地区规模最大、规格最高的年度汽车盛会，已通过国际展览业协会（UFI）认证。历经 20 多年的成长蜕变，现展出面积已达 20 万平方米，海内外参展品牌近 130 个、展车数量超过 1 600 辆。截至 2023 年已成功举办 26 届展会。目前，已从国内众多的区域车展中脱颖而出，稳居中国四大 A 级车展之列。图 5-3-8 所示为第二十六届成都国际汽车展览会举办现场。

4. 广州国际汽车展览会

广州国际汽车展览会创办于 2003 年，是目前国内最年轻的国际汽车展会。其基于“高品位、国际化、综合性”的定位，经过二十多年的发展，已成为中国大型国际车展之一。作为覆盖汽车全产业链的行业顶级盛会，广州车展不仅前端整车题材与时俱进，向电动化、智能化转型升级，配套的零部件及用品展区也紧随其后，形成以新科技为核心、满足新生活要求、覆盖全新汽车全产业链的高质量发展新格局。

图 5-3-8　第二十六届成都国际汽车展览会举办现场

思考题

1. 简述车展的作用及意义。
2. 简述国际、国内主要车展的名称和特点。

第六章 汽车新技术与未来汽车

第一节 汽车新技术

学习目标

1. 了解汽车动力系统、底盘和车身新技术。
2. 了解汽车安全和节能环保新技术。
3. 了解汽车智能网联技术。

随着全球汽车保有量的迅速增长，从可持续发展的角度看，汽车产业必须解决能源短缺、环境污染、交通安全和道路拥堵等全球公认的四大公害问题，绿色化、低碳化、智能化和网联化被认为是最终的解决方案。

一、汽车动力系统新技术

1. 动力电池技术

新能源汽车是未来汽车产业的重要发展方向，作为新能源汽车的核心部件，动力电池技术的发展趋势和市场前景备受关注，各大动力电池企业、整车厂都在奋力突破技术瓶颈。

（1）高能量密度

动力电池的能量密度直接关系到新能源汽车的续航里程和竞争力。一些新型电池正在研发中，有望在未来实现商业化应用。

1）凝聚态电池。2023 年，宁德时代发布凝聚态电池产品，突破能量密度极限（500 Wh/kg），具有高安全性、轻量化、高能量密度、长循环寿命等特点，其利用缩合电解质构建自适应网络结构，提高了电池的动态性能和锂离子传输效率。

2）刀片电池。刀片电池实为比亚迪研发多年的“超级磷酸铁锂电池”，如图 6-1-1 所示。刀片电池的主要特点是将电芯进行扁平化设计，长度可达 2 500 mm，因此能在体积能量密度上提升 50%，并且整车电池寿命可达 8 年 120 万 km 以上。更重要的是，刀片电池的成本或可下降 20% ~ 30%。

3）问顶电池。瑞浦兰钧研发的问顶电池具备行业领先的五大特性。循环寿命在 10 000 次以上，日历寿命超过 20 年；电芯内部空间利用率提升 4.5%，超越了圆柱电芯；电芯直流内阻降低 13% 以上，能量效率超过 95%；原材料及部件成本节省 5%，安全性得到全面升级；0.5 P 容量的 320 Ah 问顶电池储能系列的体积能量密度达到 400 Wh/L。

图 6–1–1 刀片电池

（2）高安全性和可靠性

动力电池的安全性和可靠性直接关系到新能源汽车的安全。未来，动力电池技术需要不断提高安全性和可靠性，减少电池燃烧、爆炸等安全事故的发生。

龙鳞甲电池是蜂巢能源全新一代高安全动力电池系统化解决方案，如图 6–1–2 所示，其应用热电分离、空间功能集成设计等技术，从电池系统热失控的本源出发，聚焦单体安全、系统安全双提升，解决电池安全痛点，优化电池安全性能，可兼容铁锂、三元、无钴等全化学体系方案，续航里程可达 1 000 km 以上，覆盖 1.6 C ~ 6 C 快充体系，还可根据客户需求实现 CTC（将电芯直接集成到车辆底盘内部的电池技术）设计。

（3）快速充电技术

“充电慢”是新能源汽车的核心痛点，未来，快速充电技术将是动力电池技术的重要发展方向。

图 6–1–2 龙鳞甲电池

1）闪充电池。欣旺达电动汽车电池有限公司日前发布全球首款量产型“闪充电池”，其峰值充电功率达到 480 kW，可做到充电 10 分钟续航 1 000 km。“闪充电池”采用自主设计闪充硅材料技术、自主设计高安全中镍正极和自主研发新型硅基体系电解液技术等关键技术，具备高兼容性和高适配性。

2）π 电池。亿纬锂能发布的“π 电池”系统具有 9 分钟快充能力和立体传热技术，不仅有效解决了快充发热问题，并且在 CTP 集成技术基础上应用新型材料，使系统减重 10%，实现了小空间、低重量、高续航。

3）高电压平台和超充桩。高电压平台和超充桩也是实现大功率快充的主要方案。高电压平台优势明显，不仅能显著提升新能源汽车的充电效率，还能有助于提升其动力性和续航里程。近年来，国内外车企和科技巨头纷纷发布 800 V 高电压平台量产车型和解决方案。图 6-1-3 所示为 2019 年保时捷推出的全球首款搭载 800 V 电池架构的量产车型——Taycan，只需 15 分钟即可充电 80%，而国内自主新能源汽车品牌理想、小鹏、极氪等也纷纷推出了各自的 800 V 高压快充车型。

图 6-1-3　保时捷 Taycan

（4）智能电池管理技术

智能电池管理技术可以实现对动力电池的实时监控和管理，提高电池的利用率和安全性。未来，智能电池管理技术将成为动力电池技术的重要组成部分，为新能源汽车的发展提供更好的支持。

2. 混合动力技术

混合动力技术利用不同的动力源在不同的工况下发挥各自的优势，实现最佳的动力匹配和能量管理，是传统燃油技术与纯电动技术的一种过渡。

常见的混合动力技术有增程式混动（REEV）、插电式混动（PHEV）、油电混动（HEV）和轻混（MHEV）四种。未来，混合动力技术的发展方向将主要包括提高电池续航里程、降低成本、优化能量管理等。

随着充电基础设施的不断完善，插电式混合动力技术将在市场中占据更重要的地位，而增程式混合动力技术在解决纯电动汽车续航里程短的问题上具有较大优势，有望成为一种重要的过渡技术。

混合动力技术目前也在不断创新，例如，丰田THS混动系统、比亚迪DM-i超级混动系统、吉利雷神智擎Hi·X混动系统、长城柠檬混动DHT等，图6-1-4所示为搭载DM-i超级混动系统的比亚迪宋Pro车型。

图6-1-4 搭载DM-i超级混动系统的比亚迪宋Pro车型

3. 电驱系统技术

（1）高集成度

目前，新能源汽车在轻量化、降成本和优化空间布局等方面的要求越来越高，电驱系统集成化产品成为行业发展趋势。新能源汽车电驱动系统经历了从分立式到功能集成化，再到机电一体化的发展过程，依靠关键技术的突破创新提高系统集成度，已成为新能源汽车行业的共识。

新能源汽车电驱动系统有不同的集成路径，需要权衡考虑系统性能、成本控制、紧凑性、可维护性、供应链管理、灵活性等因素，进行选择性封装。常见的“大三电”集成主要是电机、电控、减速器三合一电驱动系统，代表厂商是蔚来、日本电产；常见的“小三电”集成主要是车载充电器、DC/DC变换器、高压配电单元三合一电驱动系统，代表厂商是威迈斯、英搏尔。

多合一电驱动系统，则是在大小三合一电驱动系统基础上，各公司按自己的技术路线进行的选择性封装。有将“大三电”和“小三电”集成的六合一电驱动系统；也有将“大三电”、“小三电”、电池管理系统、整车控制器集成的多合一电驱动系统，代表是比亚迪八合一电驱动系统（见图6-1-5）、华为七合一电驱动系统。随着集成技术的演变，未来电动压缩机和热管理单元也存在封装到总成中的可能性。

（2）高功率密度

目前，新能源汽车使用的电机主要是交流异步电机和永磁同步电机。虽然电机技术发展已趋于成熟，很难再有大的突破，但在新能源汽车领域，改进和优化仍在不断进行，如扁线电机和油冷系统等。

扁线电机如图6-1-6所示，就是将电机“定子”中原本横截面为圆形的铜线，换成横截面为扁形的铜线。这一绕线形式可以充分填充定子横截面的空间，其满槽率相较于圆形铜线提升了大约20%，加上采用油冷形式，可以进一步提升降温效率。油冷扁线电机能够帮助新能源汽车提高功率和扭矩输出。扁线电机具有小型化、集成化、高功率密度等特点，是新能源汽车电驱系统发展的趋势之一。

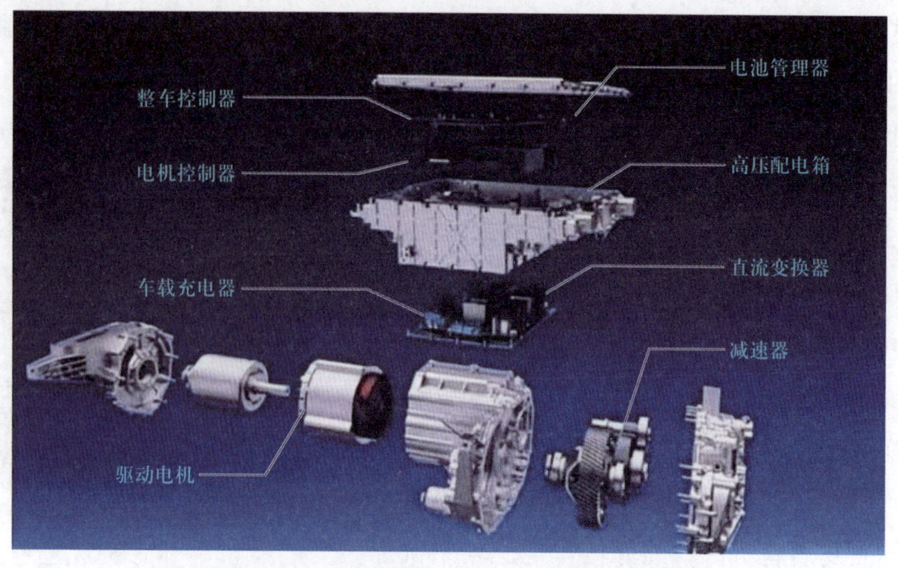

图 6-1-5　比亚迪八合一电驱动系统

图 6-1-6　扁线电机

随着电驱动系统功率密度的不断提高，需要更高效的电力转换效率和更好的降温效果，这对功率器件提出了更高要求。对新能源汽车而言，在相同电压情况下，碳化硅器件厚度更薄、尺寸更小、重量更轻、导通电阻更低、能量损失更小，这将使新能源汽车实现更长的续航里程、更短的充电时间、更高的电池电压，是实现 800 V 高压平台的关键技术路径。因此，碳化硅器件在电动汽车市场具有巨大潜力。碳化硅功率器件取代传统硅基功率器件已成为行业发展趋势。

二、汽车底盘新技术

新能源汽车和智能驾驶的快速发展，极大催生了线控底盘的新需求。线控底盘如图 6-1-7 所示，是指通过电信号控制车辆底盘的运行，包括转向、驱动、制动等。与传统的机械系统相比，线控底盘具有更高的响应速度、精确度和可靠性。它采用先进的传感器、控制器和执行器，实现了车辆底盘的智能化和自动化控制。目前，蔚来 ET9、特斯拉

图 6–1–7　线控底盘

Cybertruck 等车型，都搭载了智能线控底盘。

线控底盘主要包括五大核心系统：线控油门、线控换挡、线控悬架、线控转向、线控制动。其中，线控制动、线控转向因起步较晚、技术门槛高，目前渗透率还一直处于低位。

三、车身轻量化技术

无论是新能源汽车还是燃油汽车，车身轻量化都是亘古不变的发展潮流。汽车车身轻量化就是要在保证汽车强度和安全的前提下，尽可能降低汽车的整备质量，从而提高汽车的动力性和减少能源消耗。在未来汽车设计中，汽车轻量化技术将得到进一步发展。

1. 新型材料的使用

为了适应汽车轻量化的要求，一些新材料应运而生并扩大了应用范围。

（1）碳纤维材料

在过去几年里，铝质车身一直是汽车行业里的热点词汇，而现在，碳纤维已成为车身轻量化的代名词，利用它汽车可以压榨出更好的动力和操控表现。比如，宝马已经在车身上大量使用了轻量碳纤维材料及碳纤维增强复合材料（CFRP）。碳纤维增强复合材料具有强度高、质量轻、热容量小、相对密度小、抗冲击性和能量吸收率高等优点，是设计金属复合材料混合结构的理想材料。它虽然比铝轻 30%，比钢轻 50%，比头发还要细，但强度却是钢的 7～9 倍。图 6–1–8 所示为车身使用碳纤维复合材料打造的日产 GTR 跑车。

（2）陶瓷刹车盘

陶瓷刹车盘并非普通陶瓷制作的刹车盘，而是在 1 700 ℃高温下碳纤维与碳化硅合成的增强型复合陶瓷，如图 6–1–9 所示。陶瓷刹车盘能有效而稳定的抵抗热衰退，其耐热效果比普通刹车盘高出许多倍。

陶瓷刹车盘的质量不到普通铸铁刹车盘的一半，例如，采用陶瓷刹车盘的奔驰 SLR 迈凯伦，其前轮刹车盘直径为 370 mm，但质量仅为 6.4 kg，而采用普通铸铁刹车盘的奔驰 CL–CLASS，其前轮刹车盘直径为 360 mm，但质量却高达 15.4 kg。

图 6-1-8　车身使用碳纤维复合材料打造的日产 GTR 跑车

图 6-1-9　陶瓷刹车盘

2. 一体化压铸技术

2019 年，特斯拉首次提出一体化压铸技术，并在 2020 年率先将这一技术应用在 Model Y 车型上。一体化压铸技术指的是通过大吨位压铸机，将多个单独、分散的铝合金零部件高度集成，再一次成型为 1 ~ 2 个大型铝铸件。相较于传统的冲压焊接，一体化压铸可以让车身轻量化，并节省人工和机器成本、提高效率和生产规模，同时还可以缩短供应链、整车制造和运输的时间。

图 6-1-10 所示彩色部分为采用一体化压铸技术制造的汽车后底板，其原本共有 70 多个零部件，要经过焊接、涂装和总装，把这些零部件拼在一起，这个过程大概需要 1 ~ 2 h。现在通过一体化压铸技术，这个过程只需要 45 ~ 120 s。

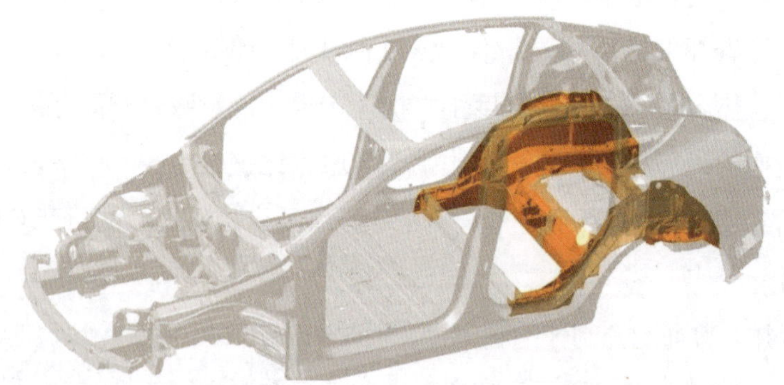

图 6-1-10　采用一体化压铸技术制造的汽车后底板

四、安全技术

汽车安全技术关乎人员生命，是当今汽车技术的重要研究发展领域，也是多个学科的交叉点。汽车安全技术的发展水平在某种意义上来说可以代表整个汽车工业的发展水平。

汽车安全技术已成为汽车生产厂家和消费者共同追求的目标。

在汽车安全技术的历史演进中，安全带和安全气囊是最早的安全装备。后来，汽车行业开始探索电子安全控制系统，以进一步提高汽车的安全性，其中包括防抱死刹车系统（ABS）、电子稳定控制系统（ESC）、备胎空气压力监测系统、盲点监测系统、后方交通预警系统以及自动泊车系统等。

随着科技的不断进步，汽车安全技术也迎来了重大技术突破。尤其在车辆控制方面，高级驾驶辅助系统（ADAS）可以通过传感器、激光雷达和摄像头等，实现车辆距离保持、变道辅助、交通信号识别、自动驾驶等功能。这些智能化技术的普及，大大减少了汽车驾驶员因疲劳驾驶或视线盲区等导致的交通事故。

汽车安全技术涉及面广，很多技术相互关联、依托、互补，共同构成了汽车安全技术的预防体系。未来，汽车安全技术将进一步集成化，各相关技术之间也将深度融合，实现有效信息传递，汽车安全技术将向着更高效和更智能化的方向发展。图 6-1-11 所示为汽车安全技术演示图。

图 6-1-11 汽车安全技术演示图

五、节能与环保新技术

汽车节能与环保新技术牵涉面广，从动力系统到车身设计再到辅助系统均有涉及。

1. 动力系统新技术

（1）混合动力技术

混合动力技术是目前主流的节能环保技术之一，它将传统燃油动力和电动动力相结合，使汽车具有更高的能效和更低的排放。在混合动力汽车中，发动机和电动机可以单独或联合工作，从而实现更高效的能量转换，减少动力损失和排放。

目前，市场上的混合动力汽车主要有丰田普锐斯、本田雅阁混合动力版、福特 Fusion Energi 等，它们的燃油经济性和环保性都比传统燃油汽车更优秀。

（2）纯电动技术

纯电动技术是另一项受关注的汽车节能环保技术，它不使用传统的燃油发动机，只依靠电池供电。与传统燃油车相比，纯电动汽车几乎没有污染物排放，可以有效降低环境污染，对于改善城市空气质量有积极作用。

纯电动汽车的典型代表有特斯拉、比亚迪、蔚来、理想等，随着技术的不断提升和成本降低，纯电动汽车的发展前景越来越广阔。

（3）燃料电池技术

燃料电池技术是一项较新的汽车节能环保技术。其主要是利用氢气和氧气在燃料电池中发生电化学反应，直接向汽车供电，过程中只产生热量和水。虽然转换效率和环保效果都不错，但由于分离制造氢气和氧气的成本太高，因此燃料电池技术目前仍处于初级阶段，未发展壮大起来。

2. 车身设计

车身设计也是影响汽车节能环保性能的重要因素之一，一是空气动力学设计，二是轻量化设计。

3. 辅助系统

除了动力系统和车身设计，汽车辅助系统对汽车的节能环保也有直接影响。

（1）能量回收制动系统

能量回收制动系统也称再生制动系统，其可以将制动时产生的能量，回收转化为电能储存在蓄电池中，以减少能源浪费，提高汽车能效。图 6–1–12 所示为目前市场上多数混动车型和纯电车型已经装配的能量回收制动系统，其有效提高了车辆的行驶里程和节能效果。

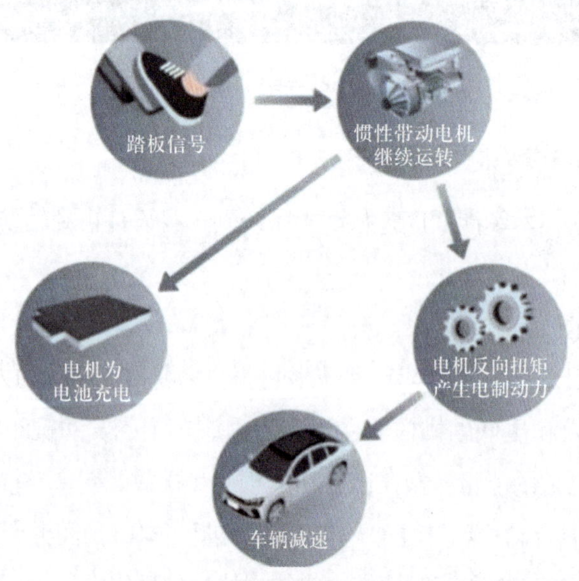

图 6–1–12　能量回收制动系统

（2）智能节能系统

智能节能系统是一种能够根据车辆的使用情况和道路条件，智能调节动力输出和设备使用的技术。比如，自动启停、充电桩预约、智能限速等，都是智能节能的体现。目前，市场上一些高端车型都已注册了智能节能系统。

4. 其他

（1）太阳能充电技术

太阳能充电技术即将太阳能转化为电能为汽车电池充电的技术。这项技术主要是通过太阳能电池板或太阳能充电器，先将太阳能转化为电能，然后再存储到电池中，其工作原理如图 6-1-13 所示。

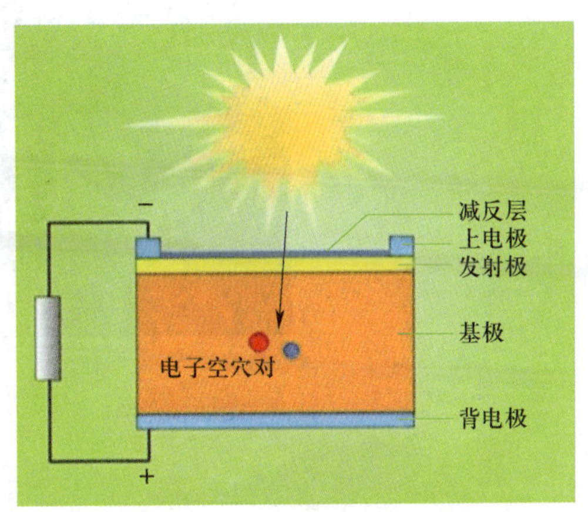

图 6-1-13 太阳能充电工作原理

2023 年，特斯拉推出的 Powerwall3 车型即采用了太阳能充电技术。

（2）超级电容器技术

超级电容器技术是一种能够提供高功率输出和瞬时充放电的能源储存解决方案。它具有较高的电容量和能量密度，应用在新能源汽车中可以优化车辆的能量使用和回收，从而提高车辆能效和续航里程。

六、智能网联技术

智能网联技术实际可划分为“智能”和“网联”两部分。“智能”主要指车辆通过搭载先进的传感器、控制器、执行器以及车载系统模块等，所具备的复杂环境感知、智能决策和控制等功能。“网联”主要指信息互联共享功能，即车辆通过多种形式的通信与网络技术，实现车内、车与车、车与路侧设备、车与环境之间的信息交互。

1. 环境感知技术

环境感知包括车辆本身状态感知、道路感知、行人感知、交通信号感知、交通标识感知、交通状况感知、周围车辆感知等，如图 6-1-14 所示。

在复杂的路况交通环境下，单一传感器无法完成环境感知的全部，必须整合各种类型的传感器，利用传感器融合技术，使其为智能网联汽车提供更加真实可靠的路况环境信息。

2. 车联网技术

长距离无线通信技术用于提供即时的互联网接入，主要采用 4G/5G、LTE、GPRS 等技术。短距离通信技术有专用短程通信技术（DSRC）、蓝牙技术、2.4G 通信技术等，其中，DSRC 重要性较高且亟须发展，它可以实现在特定区域内对高速运动下移动目标的识别和双向通信，例如 V2V、V2I 双向通信，实时传输图像、语音和数据信息等，如图 6-1-15 所示。

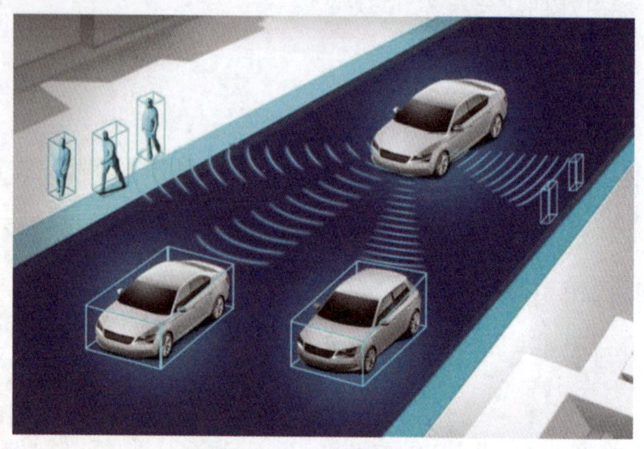

图 6-1-14　环境感知技术

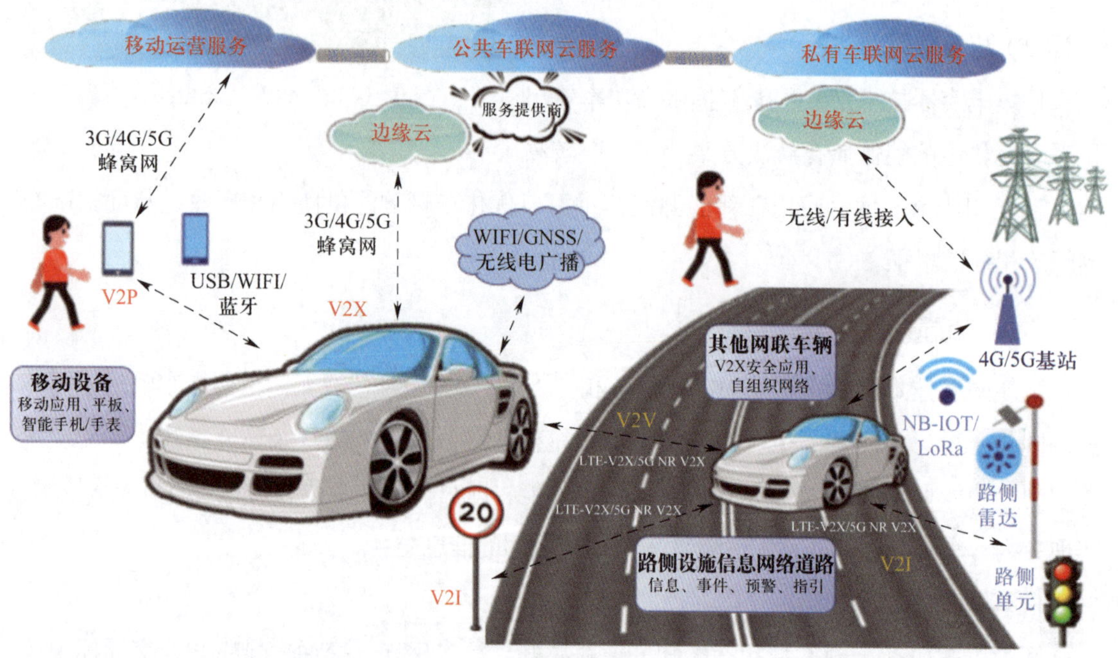

图 6-1-15　通信技术模拟图

3. 智能终端系统

操作系统是智能网联汽车智能设备的基础和灵魂。车载智能终端在操作系统方面的选型正在发生重大变化，变得越来越重要。车载终端与手机都属于智能移动终端，除娱乐、咨询功能外，其本身信息类功能也越来越受重视。智能终端系统可具有以下功能：智能车机、智能后视镜、数据传输、智能提醒等。

4. 云端计算及服务整合

云端计算是一种基于互联网的计算方式，通过这种计算方式，共享的软硬件资源和信息可以按需求提供给计算机和其他设备。

5. 信息安全技术

智能网联汽车接入网络的同时，也带来了信息安全的问题。应用中，每辆车和车主的信息将随时随地传输到网络，这种显露在网络中的信息很容易被窃取、干扰甚至修改，从而直接影响智能网联汽车体系的安全，因此在智能网联汽车中，必须重视信息安全与隐私保护技术的研究。

6. 先进驾驶辅助技术

先进驾驶辅助技术通过车辆环境感知技术和自组织网络技术，对道路、车辆、行人、交通标志、交通信号等进行检测和识别，对识别信号进行分析处理，传输给执行机构，保障车辆安全行驶。先进驾驶辅助技术是智能网联汽车重点发展的技术，其成熟度和使用率代表了智能网联汽车的技术水平，是其他关键技术的具体应用体现，先进驾驶辅助技术已经实现的主要功能包括：实时交通系统（RTMC）、电子警察系统（ISA）、车联网、自适应巡航（ACC）、车道偏离预警系统（LDWS）、车道保持系统、碰撞避免或预防碰撞系统、夜视系统、自适应灯光控制、自动泊车系统、盲点检测系统。

7. 人机界面技术

人机界面技术包括语音控制、手势识别和触屏技术等，在未来汽车中将大量使用。智能网联汽车人机界面的设计，在于增强用户的驾驶乐趣和操作体验，如图 6-1-16 所示。

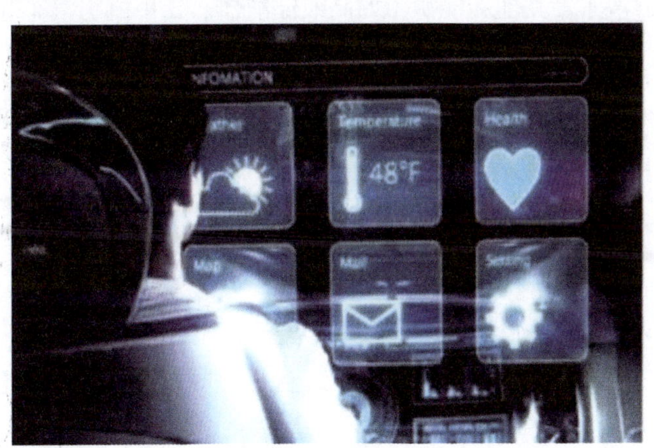

图 6-1-16　人机界面技术

除以上技术外，智能网联汽车还涉及车载网络技术、信息融合技术、高精度地图与定位技术、异构网络融合技术、交通数据处理与分析技术、交通云计算与云存储技术等先进技术。

思考题

1. 汽车给社会带来了哪些问题？通过哪些汽车新技术可以解决这些问题？
2. 智能网联技术有哪些？

第二节 未来汽车

学习目标

1. 了解新能源汽车、智能网联汽车和概念车的特点。
2. 熟悉汽车工业的发展趋势。

低碳经济和低碳生活是现代社会的主题。面对日渐严峻的环保压力，汽车行业已经进入了“低碳”发展时代，世界各大汽车生产和制造商已经开始集中力量探索汽车的“低碳”之路。随着科学技术的高速发展，AI 人工智能时代已经来临，科技与生活融合，汽车不再仅仅是一种交通工具，还是一个能够提供多样化服务的智能移动空间，所以未来汽车的发展方向是新能源汽车和智能网联汽车。

一、新能源汽车

目前，新能源汽车主要包括纯电动汽车（BEV）、燃料电池电动汽车（FCEV）、混合动力汽车、氢能源动力汽车、其他新能源（如高效储能器、二甲醚）汽车等。

1. 纯电动汽车（BEV，包括太阳能汽车）

纯电动汽车（见图 6-2-1）与传统汽车差别较大，传统汽车是由发动机气缸的往复运动驱动车辆行驶，而电动汽车则是由电机旋转驱动车辆行驶。电动汽车的组成包括电力驱动及控制系统、驱动力传动等机械系统、完成既定任务的工作装置等。电力驱动及控制系统是电动汽车的核心，也是区别于内燃机汽车的最大不同点。

电动汽车的优点是低碳环保，用电成本低，且电力可以通过多方渠道获得，如煤电、核电、水电等，解除了人们对石油资源的依赖。缺点则是目前的动力电池能量密度低、储能少、充电慢、成本高，致使电动汽车价格久居不下，用户体验不佳。此外，由于基础设施建设没有完全跟进到位，充电网点不足也是影响用户体验的关键因素，与混合动力汽车相比，电动汽车更需要各企业与地方政府部门联合起来共同发展建设。

目前，我国高度重视充电设施建设，甚至已经出现了液冷充电站。2020 年，充电桩和换电站作为新能源汽车推广配套设施，首次被写进政府工作报告，纳入“新基建”项目，成为七大产业之一。截至2022年底，我国已累计建成1 973座换电站，521万个充电桩，形成了全球最大规模的充换电网络。

2. 燃料电池电动汽车（FCEV）

燃料电池电动汽车（见图6-2-2）是以氢气、甲醇等为燃料，通过电化学反应产生电能并依靠电机驱动的汽车，其电池的能量是通过燃料和氧气的电化学作用获得，而不是燃烧。

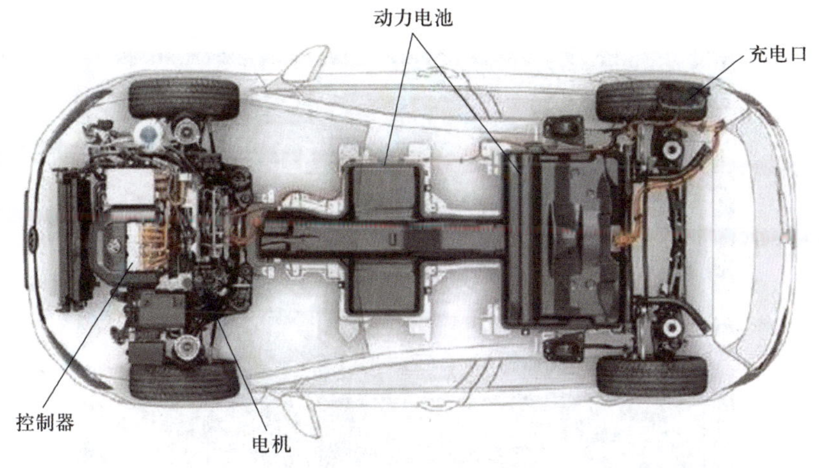

图6-2-1 纯电动汽车

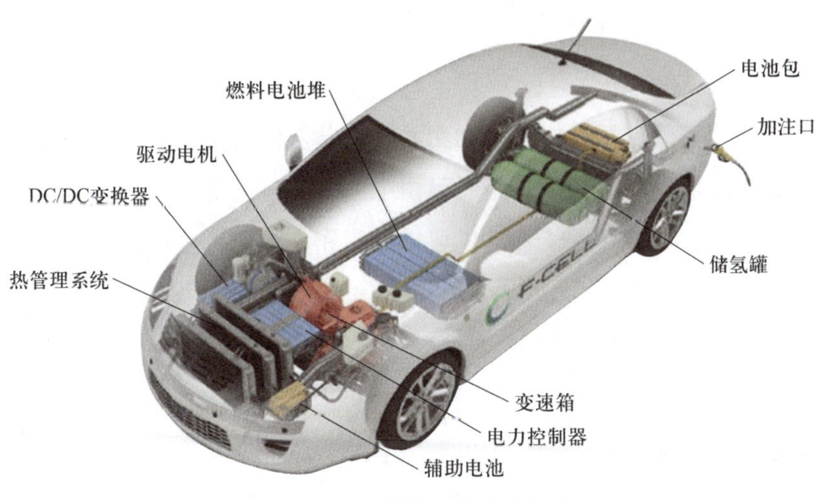

图6-2-2 燃料电池电动汽车

与传统燃油汽车相比，燃料电池汽车的优点：一是能量转化效率高，可以达到60%～80%，是燃油车的2～3倍；二是零排放，燃料电池的燃料是氢气和氧气，生成物是水，对环境没有污染；三是燃料来源广泛，可以从可再生能源获得，不需要依赖石油。缺点：一是续驶里程短，即使是用三倍油箱空间储存氢气，也只能保证车辆行驶传统油车的一半；二是经济和技术成本高，氢气的提取需要通过电解水或者利用天然气，如此一来同样需要消耗大量能源，除非使用核电提取，否则无法从根本上降低二氧化碳排放，加上氢气储存不易，所以价格并不便宜，运行成本也不低；三是基础设施差，加氢站等基础设施建设相对迟缓，目前全球投入使用的加氢站仅有100家，且大部分是实验用途。

3. 混合动力汽车

混合动力汽车是指车上装有两个以上动力源（包括蓄电池、燃料电池、太阳能电池、发动机、电动机驱动等）的汽车。目前所说的混合动力汽车一般是指发动机混合蓄电池的汽车，如丰田混合动力汽车（见图6-2-3）。

图6-2-3　丰田混合动力汽车

混合动力汽车主要有以下优点：

（1）可按平均功率确定发动机的最大功率，使发动机处于低油耗、小污染的最佳工作状态。当需要大功率但发动机功率不足时可由电池补充；当电池负荷小时，发动机多余功率可转换为电能为电池充电。由于发动机可持续工作，电池也可不断充电，所以行程和普通燃油汽车不相上下。

（2）电池可回收汽车制动、下坡、怠速时的能量。

（3）在市区行驶时可关停发动机，单独由电池驱动，实现省油和“零排放”。

（4）使用取暖、除霜等耗电量大的功能，不受季节影响。

（5）基础设施建设简单，现有的加油站、充电站均可利用。

（6）能更好保护电池不发生过充、过放，延长电池使用寿命。

混合动力汽车的缺点是：有两套动力和控制管理系统，结构复杂，维护保养难度大，价格成本高。

二、智能网联汽车

智能网联汽车指通过搭载先进传感器等装置，运用人工智能等新技术，具有自动驾驶功能，逐步成为智能移动空间和应用终端的新一代汽车，通常又称智能汽车、自动驾驶汽车等。智能网联汽车的初级阶段是具有先进驾驶辅助系统（ADAS）的汽车，例如，前向碰撞预警系统、车道偏离预警系统、盲区监测系统、驾驶疲劳预警系统、车道保持辅助系统、自动制动系统、自适应巡航系统等。ADAS 在汽车上的配置越多，其智能化程度越高，其终极目标是无人驾驶汽车。图 6-2-4 所示为谷歌无人驾驶汽车工作原理图。

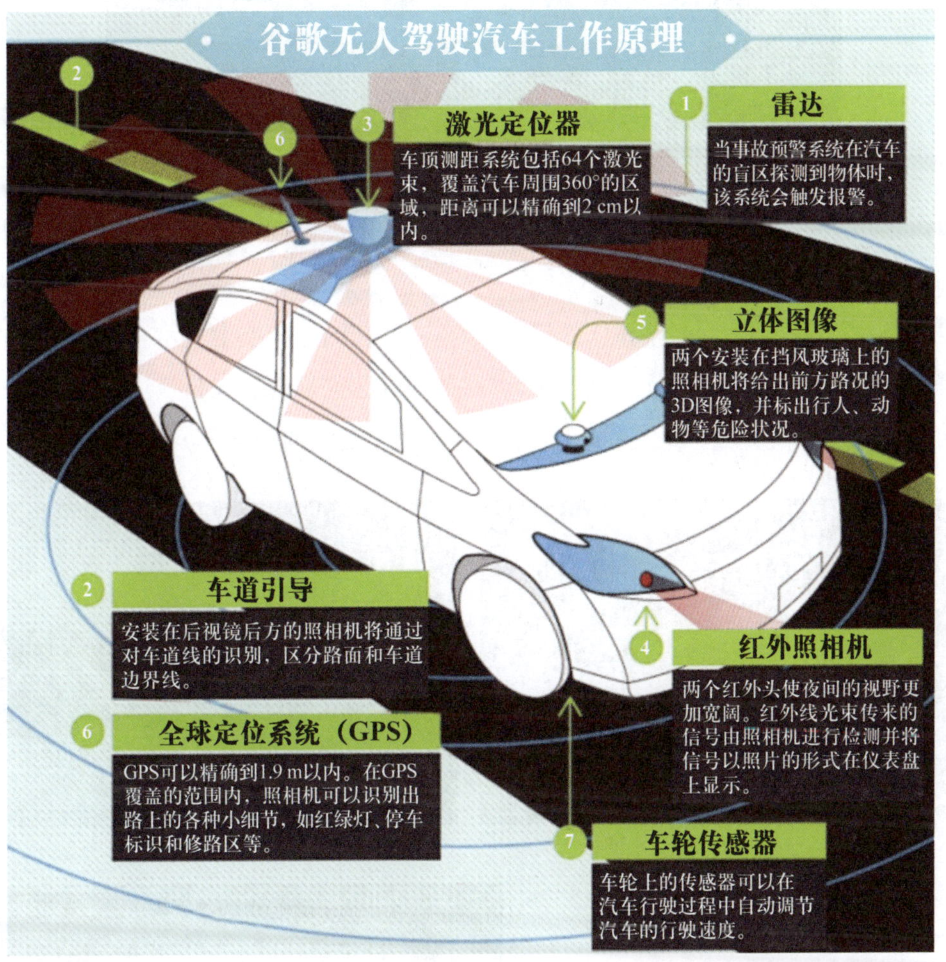

图 6-2-4　谷歌无人驾驶汽车工作原理图

三、概念车

概念车（Concept Car、Show Car）是汽车公司为了展示自己的最新科技实力和设计理念，或者为下一代车型的研发而专门制作的车型。一般来说，概念车主要分为可量产和不可量产两种类型。别克的 Y-Job 是汽车界公认的世界第一辆概念车，如图 6-2-5 所示。它于 1938 年由美国通用汽车艺术和色彩部首任主任、美国汽车造型之父——哈利杰 · 厄尔设计。

图 6–2–5　世界第一辆概念车——别克 Y–Job

概念车是最新汽车科技成果，代表着未来汽车的发展方向，能够给人以启发，并促进相互借鉴学习，且鉴赏价值极高。

世界各大汽车公司都不惜斥巨资研制概念车，并在国际车展上展示。这样做一方面可了解消费者对概念车的反应，从而继续改进；另一方面也是为了向公众展示公司的技术水平，从而提高自身形象。图 6–2–6 所示为各大著名汽车公司的概念车。

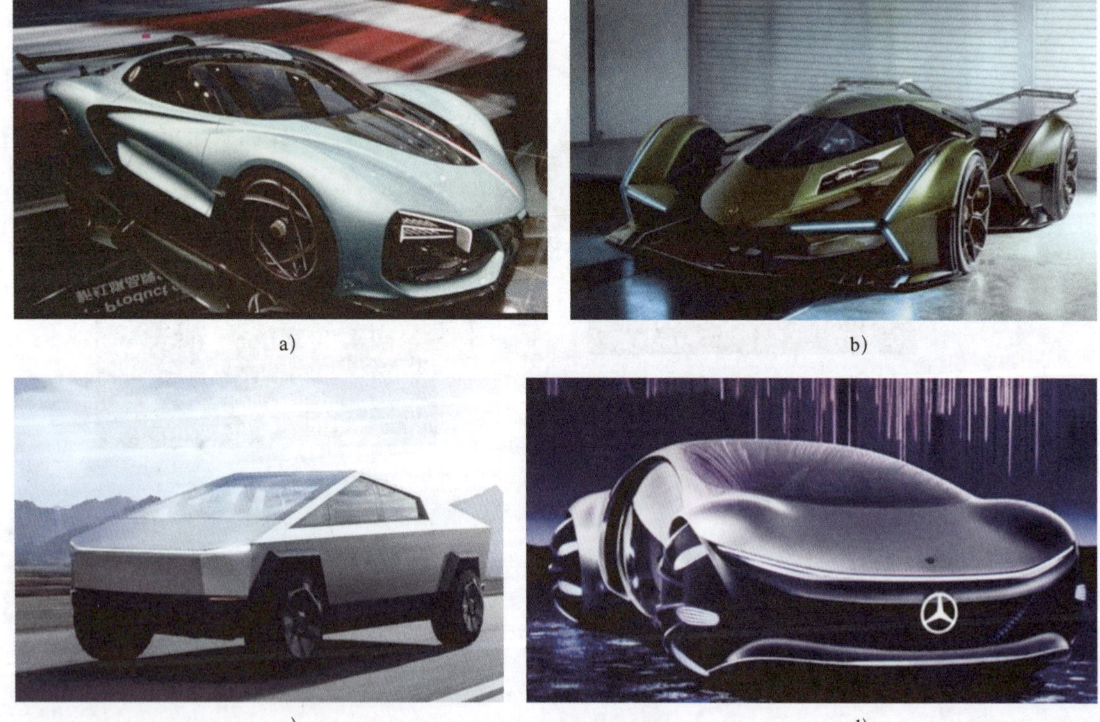

a)　b)　c)　d)

图 6–2–6　各大著名汽车公司的概念车

a）红旗 S9　b）兰博基尼 Vision GT　c）特斯拉 Cybertruck　d）奔驰 Vision AVTR

四、未来汽车工业

100 多年前，汽车被人们称为“改变世界的机器”，汽车工业也一直随着世界的改变而前进。20 世纪 80 年代后，计算机和微电子技术的飞速发展使汽车工业全面进入到信息化时代，汽车工业不再是传统的机械工业，而是一个将机械与电子信息技术融为一体的高新技术产业。

未来汽车工业的总体规模将更大，分布将更合理，中国将由汽车制造大国向汽车制造强国转变。进入 21 世纪，全球汽车产量以每年 200 万辆左右的速度递增，由于中国、印度等发展中国家的汽车工业开始步入高增长阶段，估计增长率会有较长的稳定期，预计到 2025 年，全球汽车工业的年产规模将超过 1 亿辆。未来的新增产能将主要集中在发展中国家，其中以中国发展速度最快。

未来汽车工业将面临一系列新的挑战，面对环境、能源、交通安全等问题，必须承担起相应的社会责任。这些挑战也是汽车工业发展的动力和机遇，使世界汽车工业在创新和拼搏中前进。

为了优化资源配置，提高产业集中度，降低开发成本，加强竞争优势，汽车工业的产业组织结构必将作进一步调整，其趋势是跨国重组越来越快，集团规模越来越大，大集团对市场的应变力和竞争力越来越强。由于整车与零部件生产的分工和剥离成为趋势，零部件也将经历兼并重组而形成不依附于个别整车集团的国际化的零部件集团。由于电子信息产品在汽车中所占的比重越来越大，未来汽车零部件业的巨头也可能是 IT 业的大企业。

为了进一步缩短产品开发周期、节约开发成本、提高产品质量、解决大批量生产和个性化汽车需求的矛盾，汽车工业将更全面和更有效地应用计算机技术和网络工具。开发是基于网络的并行开发，从虚拟样车到实车测试都离不开计算机；生产是计算机控制的柔性加工和柔性装配，从高节拍的生产线上驶出个性化的汽车产品；销售是基于网络的电子商务，从售前的用户定制到售后的维修、保养、回收，全都用计算机进行跟踪式服务。

为了适应经济全球化，进一步推动全球开发、采购和销售，将美国、欧洲、亚洲几大汽车标准统一为世界标准，是汽车工业界未来要面对的问题。世界标准的制定和实施，将进一步推进汽车技术的进步和企业效益的提高。

汽车生产所消耗的资源和材料巨大，汽车消费所带来的能源、环境和交通安全问题依然严重，汽车工业唯有承担起社会责任，确保社会的可持续发展，才能有自身的可持续发展。尽管通过不断的技术创新，低能耗、零排放、主动安全的智能汽车已经展现在人们眼前，但是要使这样的概念汽车真正成为受市场欢迎的、产业化的商品，还有相当长的路要走。展望未来，汽车工业任重而道远。

思考题

1. 比较各种新能源汽车的优缺点。
2. 搜索几款概念车的图片，分析设计师的设计理念。
3. 未来汽车发展的趋势是什么？

附　录
部分常见汽车标志

荣威

夏利

比亚迪

东风

中国一汽

江淮

奔腾

长安新车标

长安旧车标

瑞麟

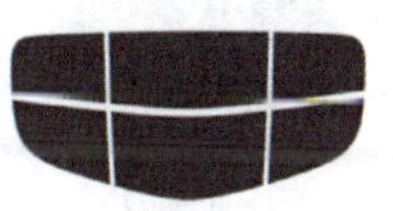
吉利新车标

吉利旧车标

领克

宝腾

华晨

奇瑞新车标

奇瑞旧车标

凯翼

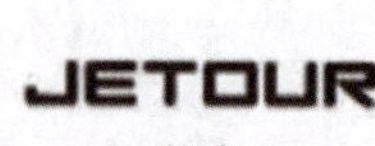

捷途

Karry
开瑞

红旗

五菱

宝骏新车标

宝骏旧车标

比亚迪

比亚迪唐

比亚迪宋

比亚迪元

比亚迪秦

比亚迪汉

哈佛

长城

魏派

欧拉

传祺

蔚来

理想

小鹏

北汽

江淮

领跑

合众

绿驰

赛麟

正道

广汽埃安

阿维塔

知豆

合创

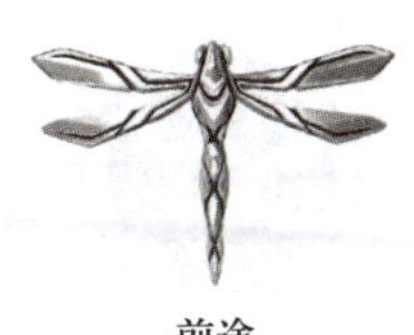
前途

威马

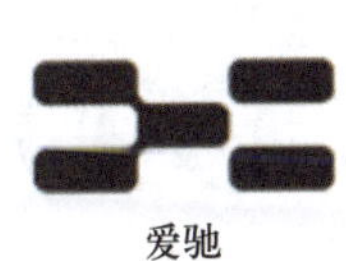
爱驰

奇点

极氪

领克

问界

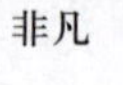
非凡

上汽大通

腾势

华泰

宝马

奔驰

保时捷

兰博基尼

法拉利

迈巴赫

阿尔法·罗密欧

菲亚特

奥迪

欧宝

斯柯达

大众

宾利

宝马迷你

雷诺

阿斯顿·马丁

劳斯莱斯

名爵

布加迪

摩根

利斯特

普利茅斯

罗孚

雪铁龙

野马

卡迪拉克

别克

路虎

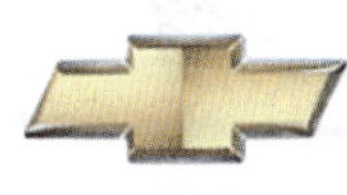
雪佛兰

林肯

通用汽车

捷豹

福特

道奇

吉姆斯

英菲尼迪

三菱

雷克萨斯

五十铃

铃木

讴歌

斯巴鲁

丰田

本田

马自达

日产

起亚

现代

大宇

大发

沃尔沃

特斯拉

斯玛特

标致新车标

标致旧车标